ARREST SOLEMNEL
DE LA COUR DU PARLEMENT
DE PARIS,

LES GRAND CHAMBRE ET TOURNELLE ASSEMBLE'ES.

Du 14. Janvier 1715.

POUR PIERRE PARSEVAL, Sieur de la Chevalerie, Conseiller du Roy, Maire Ancien, Alternatif & Triennal, Lieutenant Général & Particulier, Civil, Criminel & de Police de la Ville de Nogent-le-Rotrou au Perche.

CONTRE *Loüis-Alexandre du Tertre, Ecuyer-Sieur de Boisjoulain, Dénonciateur.*

Maiſtre Regnault Courtin, Sieur du Pleſſis, Bailly de Nogent-le-Rotrou, & Damoiſelle Marguerite Dattin ſon Epouſe.

Maiſtre Jacque Courtin, Sieur de Torſay, leur beau-frere, Lieutenant de Maire de Nogent-le-Rotrou.

Urſin-René-Nicolas Courtin, dit Abbé de Torſay, leur fiere & beau-frere.

Gabriel Courtin, Sieur de la Reſandiere, leur oncle, Officier de feuë Mademoiſelle de Montpenſier.

Jacques Bordel, Ecuyer-Seigneur de Viantais, leur Allié & Complice.

Tous avec feuë Damoiſelle Marie du Mouſſet, veuve de Me François Courtin, Sieur de Torſay, Bailly de Nogent, Parties ſecretes, faux Accuſateurs & Calomniateurs par complot & caballe.

Condamnez à un Banniſſement de neuf ans, en des Amendes, Aumônes, à demander pardon à Dieu, au Roy, à Juſtice & au Sieur Parſeval, Teſte nuë & à genoüil en la Tournelle, la Grand' Chambre aſſemblée, en 40000. livres de réparation civile, & en tous les dépens, le tout ſolidairement; avec défenſes de récidiver, ſous peine de punition corporelle.

A PARIS,

De l'Imprimerie de JEAN-FRANÇOIS KNAPEN, Imprimeur-Libraire ruë de la Huchette, à l'Ange.

M. DCC. XV.

EXTRAIT DES REGISTRES
du Parlement.

OUIS, PAR LA GRACE DE DIEU ROY DE FRANCE ET DE NAVARRE; Au premier nôtre Huiffier ou autre fur ce requis, SALUT. Sça-voir faifons que vû par la Cour, les Grand'Chambre & Tournelle affemblées, le Procés criminel fait de l'Or-donnance d'icelle par les Confeillers-Commiffaires à ce commis à la requefte de Pierre Parfeval Sr de la Chevalerie, Confeilr du Roy, Maire Ancien, Alternatif & Triennal, Lieutenant General & Parti-culier, Civil, Criminel & de Police de Nogent-le-Rotrou, Deman-deur & Accufateur, contre Louis-Alexandre du Tertre de Boisjou-lain, Regnault Courtin Sr du Pleffis, Bailly dud. Nogent-le-Rotrou, Jacques Courtin Sr de Torfay, Marthe Gouhier fa femme, Urfin-René-Nicolas Courtin, dit Abbé de Torfay, Gabriel Courtin de la Refandiere, Marié du Mouffet, veuve de François Courtin de Torfay, Jacques Bordel Ecuyer-Seigneur de Viantais, Joseph-François Bordel Ecuyer-Sieur de la Courdoriere, & Marguerite Dattin, femme dudit Regnault Courtin du Pleffis, Deffendeurs & Accufez, lefdits Loüis-Alexandre du Tertre de Boisjoulain & Regnault Courtin du Pleffis abfents, fugitifs & contumax, & encore le Procureur General du Roy, Demandeur & Accufa-teur, contre Nicolas le Breton, Hôte du grand Dauphin de la Ville de Chartres, Deffendeur & Accufé. Arreft rendu en la Cour des Comptes, Aydes & Finances de Roüen, le 13. Décem-bre 1708. contenant la plainte faite par le Procureur General du Roy en icelle contre ledit Maiftre Pierre Parfeval Maire de

A ij

Nogent-le-Rotrou, de ce que ledit Parseval abusant du credit & de l'autorité que sa Charge luy donnoit dans le pays, commettoit quantité d'abus & de vexations aux sujets du Roy taillables dans les Paroisses de Nogent & des environs. 1°. Qu'encore bien que les Edits qui permettoient aux Maires d'assister aux nominations des Collecteurs, & à la confection des Rolles des Tailles, & autres impositions, portoient que ce ne seroit que dans les lieux où ils avoient coûtume d'estre faits devant les Officiers de Ville, ce qui ne s'étoit jamais fait à Nogent, & nonobstant que par des Arrests il leur ait été fait des deffenses de s'en mêler, neanmoins ledit Parseval assistoit aux déliberations qui se faisoient à la Tablette, y faisoit employer qui bon luy sembloit pour estre imposez, se faisoit nommer pour en poursuivre les procez, & faisoit asseoir les Tailles devant luy, lors de quoy il se donnoit la licence d'avoir voix déliberative, faisant hausser & diminuer qui bon luy sembloit à son gré, ayant même usé de menaces & intimidations contre quelques-uns des Collecteurs desdites Paroisses & des environs, pour faire donner de la diminution à quelques uns de ses parents & autres qu'il protegeoit, & de l'augmentation à ceux qui luy avoient déplû. 2°. Que nonobstant le remboursement fait par la Communauté de Nogent, des Charges de Greffiers des Rolles créez dans les trois Paroisses dont elle est composée, moyennant lequel la levée des trois deniers pour livre attribuez audit Greffier ne devoit point estre faite, ledit Parseval les avoit fait lever à son profit. 3°. Que ledit Parseval, auquel auroient été remis par l'Etapier les fonds destinez pour rembourser les Taillables qui auroient souffert des logemens de gens de guerre, en auroit retenu la meilleure partie en ses mains, n'en ayant remboursé que la moitié aux uns, & rien du tout aux autres. 4°. Que ledit Parseval retenoit en ses mains, depuis seize ans qu'il étoit Maire, la plûpart des fonds des Octrois de ladite Communauté, lesquels il avoit fait recevoir par le nommé Lerideau Clerc de Me Alexandre Parseval son frere, Lieutenant en l'Election, desquels deniers il auroit appliqué la meilleure partie à son profit, & auroit fait tourner l'autre au profit de qui bon luy auroit semblé. 5°. Qu'il s'étoit emparé d'une somme de 1800. liv. dûe à ladite Ville par les heritiers du sieur de Mondeguerre pour debets de compte desdits Octrois, dont il s'étoit rendu adjudicataire aux années 1658. & 1661. laquelle somme il auroit touchée, sçavoir 940. liv. en deniers de vente de meubles, & le surplus d'heritages qu'il auroit fait decreter, dont il s'étoit rendu adjudicataire. 6°. Que ledit Parseval s'étoit rendu adjudicataire sous des noms interposez, des Octrois de ladite Ville, entr'autres sous le nom du nommé Marteau son parent, pour le prix de 2340. liv. sur la tête duquel ayant fait ordonner une adjudication à sa folle enchere, sous prétexte d'insolvabilité, il l'auroit fait faire au rabais de 340. liv. sous le nom du nommé Courgibet avec lequel il se seroit associé de moitié; & non content de cette diminution, il auroit fait encore donner audit Marteau une somme de 500. liv. sous prétexte de perte sur les joüissances passées, encore bien que le Sieur de Jouy qui recevoit lesdits Octrois, en eût remis les fonds és mains dudit Marteau, jusqu'au montant entier de son adjudication & des frais d'icelle. 7°. Que ledit Parseval avoit exigé & s'étoit fait payer par les Habitans taillables de ladite Election, des deniers, sous prétexte qu'ils n'avoient point fourni d'harnois pour la voiture des bagages des gens de guerre & autrement. 8°. Que ledit Parseval se donnoit la licence de créer des Officiers & de leur donner des exemptions, encore que le Roy ayant créé des Charges de Capitaines & Lieutenants des Bourgeois dans Nogent, avec attribution des exemptions de logement de gens de guerre, il en avoit disposé à prix d'argent. 9°. Que nonobstant que la Cour ait gratuitement accordé certaines exemptions de Tailles & logemens de gens de guerre aux Administrateurs des Hôpitaux pendant leur exercice, ledit Parseval exigeoit des droits de ceux qui étoient nommez Administrateurs de l'Hôtel-Dieu de Nogent pour les faire joüir desdites exemptions. 10°. Qu'il retenoit en ses mains les deniers de l'indemnité accordée aux Pauvres dudit Hôpital de Nogent pour les droits de Boucherie, dont il auroit fait faire la régie par gens affidez. 11°. Qu'aprés avoir fait rétablir des écuries aux dépens des deniers d'Octroy de Nogent pour les chevaux des Troupes du Roy, il s'étoit emparé des rateliers & des auges qu'il avoit fait porter dans ses Fermes aprés leur départ. Et d'autant que toutes ces véxations alloient à l'accablement des sujets du Roy contribuables aux Tailles, le Procureur Général du Roy de ladite Cour des Comptes, Aydes & Finances de Roüen auroit requis qu'il en fût informé, par lequel Arrest ladite Cour auroit ordonné qu'il seroit informé du contenu audit requisitoire par le sieur d'Houdemare de Vandremare, Conseiller, Commissaire, qu'elle auroit deputé à cet effet pour se transporter sur les lieux, auroit accordé compulsoire audit Procureur General du Roy aux fins dudit Arrest, pour ce fait rapporté à ladite Cour & communiqué audit Procureur General du Roy, estre fait droit. Arrest de la Cour du 19. Janvier 1709. rendu sur la Requeste presentée par ledit Pierre Parseval, tendante à ce qu'attendu qu'il n'étoit point justiciable de la Chambre des Comptes, Aydes & Finances de Roüen, il fut reçû Appellant comme de Juge incompetant, & recusé des plaintes, denonciation, permission d'informer, information, decret & de tout ce qui pourroit être fait à la Requeste des nommez Courtin, Boisjoulain ou autres par les Juges, Officiers de ladite Chambre des Comptes, Aydes & Finances de Roüen, qu'il fut tenu pour bien relevé & ordonné que les informations & procedures extraordinaires seroient apportées; par lequel Arrest auroit esté ordonné commission estre delivrée audit Pierre Parseval, pour y faire assigner aux fins de sa Requeste qui bon lui sembleroit, à cette fin seroient les informations & autres procedures apportées au Greffe Criminel de la Cour; à ce faire le Greffier contraint par corps, à lui enjoint d'obeir au premier Commandement à peine de 100. liv. d'amende & d'interdiction, pareatis du grand Sceau sur ledit Arrest du 20. dudit mois de Janvier 1709. Exploit d'assignation en la Cour, donné en consequence dudit Arrest du 19. dudit mois de Janvier, à la Requeste de Pierre Parseval, au Procureur General du Roy en la Cour des Comptes, Aydes & Finances de Roüen, ledit Exploit contenant aussi Commandement au Greffier de ladite Cour, d'apporter au Greffe Criminel de la Cour les informations & autres procedures mentionnées au susdit Arrest du 19. Janvier, ledit Exploit en datte du 28. du même mois de Janvier. Arrest rendu en ladite Cour des Comptes, Aydes & Finances de Roüen, du même jour 28. Janvier 1709. portant decret d'adjournement personnel contre ledit Pierre Parseval, sans préjudice de la continuation de l'information, aux termes de l'Ordonnance. Autre Arrest de ladite Cour des Comptes, Aydes & Finances de Roüen,

du 19. du même mois de Janvier 1709. rendu sur le requisitoire du Procureur General du Roy en icelle, par lequel ladite
Cour auroit dechargé ledit Procureur General du Roy de l'af-
signation, & le Greffier des condamnations portées par le suf-
dit Arrest du Parlement de Paris, & auroit fait deffenses audit Pierre Parseval d'y proceder ny ailleurs qu'en ladite Cour
des Comptes, Aydes & Finances, pour le fait en question, à
peine de nullité, cassation de procedures; & à tous Huissiers
de le mettre en execution, à peine d'interdiction, & cependant que l'Arrest de ladite Cour des Comptes, Aydes & Finances de Roüen, rendu le 18. dudit mois de Janvier, sur
la déliberation seroit executé; exploit de signification fait des
susdits deux Arrests audit Pierre Parseval, à la Requeste dudit Procureur General du Roy en la Cour des Comptes, Aydes & Finances de Roüen, le 7. Fevrier 1709. avec assignation
à comparoir en personne en ladite Cour. Arrest de la Cour
du 18. Fevrier 1709. rendu sur la Requeste dudit Pierre Parseval, par lequel auroit esté ordonné que ledit Arrest du 19.
Janvier precedent seroit executé, & faute par le Greffier de
ladite Cour des Aydes de Roüen d'avoir obéi, auroit declaré
les peines y-portées encouruës a l'encontre de lui au profit dudit Pierre Parseval, & en consequence l'auroit dechargé de
l'assignation à lui donnée en ladite Cour des Aydes de Roüen,
fait deffenses aux Parties de faire poursuite ailleurs qu'en la
Cour à peine de nullité, cassation de procedures, dépens,
dommages & interests des Parties. Arrest du Conseil d'Estat
privé du Roy, du 2. Septembre audit an 1709. intervenu entre ledit Pierre Parseval Demandeur en reglement de Juges,
suivant les Lettres obtenuës par lui au grand Sceau, le 23.
Fevrier audit an 1709. exploit d'assignation donné en consequence, le 7. Mars suivant d'une part, & ledit Procureur General du Roy en la Cour des Comptes, Aydes & Finances de
Roüen, Deffendeur d'autre, par lequel Arrest le Roy étant
en son Conseil, faisant droit sur l'instance, auroit renvoyé l'instance & Procés Criminel dont il s'agissoit, circonstances & dépendances, au Parlement de Paris pour y proceder en execution des Arrests qui y avoient été rendus les 19. Janvier & 18.
Fevrier 1709. le tout en état d'adjournement personnel, &
nonobstant la conversion d'icelui en prise de corps, si aucune
y avoit, auroit condamné ledit Procureur General de la Cour
des Aydes de Roüen aux dépens. Arrest de la Cour, du 10.

Decembre 1709. portant retention en icelle dudit procés renvoyé. Autre Arreſt du 23. Aouſt 1710. intervenu entre le Procureur Général du Roy, Demandeur & Accuſateur audit procés renvoyé de la Cour des Comptes, Aydes & Finances de Roüen,
par ledit Arreſt du Conſeil privé du Roy, du 2. Septembre
1709. en la Cour retenu par Arreſt d'icelle, du 10. Decembre audit an d'une part, & ledit Pierre Parſeval, Deffendeur
& Accuſé, d'autre, & entre ledit Parſeval, Demandeur
en Requeſte du 21. Juillet 1710. à ce qu'acte lui fut donné
de la converſion par lui faite de l'appel par lui interjetté par
ſa Requeſte ſur laquelle étoit intervenu l'Arrêt de la Cour du
19. Janvier 1709. de toute la procedure contre lui faite en
ladite Cour des Comptes, Aydes & Finances de Roüen, en
oppoſition, & que faiſant droit, toute la procedure faite en
ladite Cour des Comptes, Aydes & Finances de Roüen, fut
declarée nulle, & qu'il fut renvoyé en l'exercice & fonction de
ſes charges, ſauf à lui à ſe pourvoit pour ſes réparations d'honneur,
dommages interêts & dépens contre qui & ainſi qu'il adviſeroit,&
au Procureur General du Roy à prendre telles concluſions qu'il
lui plairoit d'une part, & le Procureur General du Roy Déf-
fendeur, d'autre part; par lequel Arreſt la Cour auroit donné
acte audit Pierre Parſeval de ce qu'il convertiſſoit l'appel par
lui interjetté en oppoſition, & faiſant droit ſur l'oppoſition, declare toute la procedure faite en la Cour des Aydes & Finances
de Roüen nulle ; ce faiſant renvoyé la plainte pardevant le
Lieutenant Criminel de Montfort-l'Amaury, pour être par lui
informé des faits contenus en icelle, & à cette fin lui auroit permis de ſe tranſporter par tout où beſoin ſeroit, même hors
de ſon Reſſort, pour l'information faite, rapportée, communiquée au Procureur General du Roy être ordonné ce qu'il appartiendroit par raiſon ; & cependant auroit permis audit Parſeval de continuer l'exercice & fonction de ſes charges, ſignifié au Procureur General du Roy le 3. Septembre audit an
1710. Acte paſſé pardevant Notaires au Chaſtelet de Paris, le
28. Aouſt audit an 1710. contenant addition de dénonciation
faite par Loüis Alexandre Dutertre Ecuyer, ſieur de Boijou-
lain à celle par lui cy-devant faite le 11. Decembre 1708.
au Procureur General du Roy, contre ledit Maître Pierre Parſeval, Maire dudit Nogent le Rotrou des faits y énoncez qui
étoient. 1°. Qu'en ajoutant au cinquiéme chef de ladite dénonciation

nonciation , du 11. Decembre 1708. concernant les affaires
que ledit Parſeval Maire avoit fait contre les heritiers de Mondeguerre au ſujet des Octrois de ladite Ville de Nogent le
Rotrou pour profiter par des voyes indirectes d'une ſomme de
1800. liv. le même Parſeval à l'aide d'Alexandre Parſeval ſon
frere Preſident en l'élection dudit Nogent, auroit fait le per-
ſonnage de Juge, de créancier, demandeur & pourſuivant par
decret la vente des biens de cette ſucceſſion, Deffendeur, Adjudicataire, ayant prononcé par ledit Parſeval en qualité de
Preſident en ladite Election les condamnations contre les heritiers de Mondeguerre, en vertu deſquelles il auroit fait ſaiſir
réellement à ſa Requeſte en qualité de Maire tous les biens de
cette ſucceſſion, dont il auroit porté les criées au Baillage dudit Nogent dont il étoit Lieutenant, ſur leſquelles criées ledit Preſident ſon frere en auroit fait les pourſuites en qualité
de Procureur & Avocat ; ce qui étoit valablement juſtifié par
les copies des procedures du decret qui étoient écrites en partie dudit Parſeval Maire, & une autre partie de la main du
nommé Lerideau Clerc dudit Parſeval Preſident, & enſuitte
ledit Parſeval Maire prétendu créancier comme ayant les droits
du corps de ladite Ville & pourſuivant leſdites criées , ſe
ſeroit rendu adjudicataire non ſeulement des baux judiciaires,
mais encore des fonds deſdits biens ſaiſis pour une ſomme mo-
dique qu'il s'étoit approprié, quoiqu'aprés cette adjudication
le même Parſeval Maire euſt préſenté un compte au Corps de
la Ville de Nogent ſous les noms deſdits héritiers Mondeguerre, portant que bien loing d'être débiteurs, au contraire il leur
étoit dû plus de 3000. livres ; qu'il y avoit des pieces jointes à
la premiere information, & d'autres que ledit Boisjoulain avoit
depuis mis és mains du Procureur General du Roy qui prouvoient
le fait. 2°. Qu'outre la retention faite par ledit Parſeval Maire
depuis pluſieurs annéees des deniers d'indemnité accordés à
l'Hôpital, dont il avoit fait la régie ſous des noms empruntés,
& par des gens à lui affidez, ce qui formoit le dixiéme chef de
la denonciation, le même Parſeval Maire auroit fait encore
des concuſſions à l'occaſion des droits établis ſur la boucherie
de ladite Ville de Nogent dont il avoit pris la ferme ſous un
nom emprunté, aprés avoir abuſé de la confiance qu'il s'étoit
attirée de la Communauté des Bouchers de la même Ville, ſous

B

pretexte de leur rendre service auprés du sieur de la Vergne Directeur General desdits droits en la Generalité d'Alençon, pour une somme de 1200. livres par an, quoiqu'il eust connu par cette confiance de ladite Communauté que ce droit produisoit plus de 2000. livres par chacun an, ce qui étoit une exaction à son profit de 900. livres par an au préjudice de cette Communauté, laquelle en auroit profité sans l'infidelité qui leur avoit été faite par ledit Parseval Maire, qui promettoit leur faire avoir une bonne composition de ce droit. Que le même Parseval Maire non content desdits 900. livres par an, avoit exigé & fait payer par l'intrigue de ses Commis & autres gens à sa devotion, sous pretexte de prétenduës fraudes de plusieurs habitans dudit Nogent, plusieurs amendes dont il n'y avoit point eu de condamnations, ce qui étoit une pure concussion, quoiqu'il auroit été facile audit Parseval Maire de faire prononcer les condamnations desdites amendes, puisque son frere en étoit le seul Juge. 3°. Que ledit Parseval après l'expiration de sondit traité fait avec ledit sieur de la Vergne pour ces droits de boucherie dudit Nogent, n'a pas laissé de continuer à faire payer les mêmes droits, dont il auroit reçu une somme de 300. liv. de laquelle le nouveau traitant des mêmes droits qui auroit succedé au traitté dudit Parseval Maire n'auroit voulu tenir compte ausdits Bouchers de Nogent, & leur auroit dit qu'ils pouvoient se pourvoir en restitution contre ledit Parseval Maire, lequel leur retenoit encore cette somme sans leur en avoir voulu faire la restitution, quoiqu'ils l'en ayent requis verbalement par plusieurss fois; lesdits Bouchers n'ayant osé se pourvoir en Justice contre ledit Parseval Maire pour la restitution de cette somme de 300. liv. à cause du gros credit que lui donnoient ses charges, & celles de son frere, & de leurs plus proches parens qui possedoient plus des trois quarts des charges de la même Ville de Nogent, particulierement celles qui concernoient la Taille, la Capitation, les Etapes & les logemens des Gens de Guerre; ce qui les faisoit craindre par tous les Habitans de ladite Ville de Nogent & des environs. 4°. Que quoique les enregistremens pour les receptions des charges des Officiers de la Bourgeoisie de ladite Ville de Nogent dussent être faits sans frais; neanmoins ledit Parseval Maire exigeoit des droits d'enregistremens desdites charges, des uns plus, des autres moins, depuis 25. liv. jufqu'à 50. liv. & qu'il y avoit trés peu de ces Officiers qui euffent évité de payer ces prétendus droits , parce qu'ils luy en demandoient quittance qu'il ne vouloit point donner, ce qui étoit une concuffion. 5°. Que le même Parseval Maire exigeoit encore des droits lorfque des Maîtres Jurez de la Manufacture des Etamines fe faifoient inftaller en l'Hôtel de Ville dudit Nogent, & de ceux qui s'y faifoient recevoir Maîtres Etaminiers, quoique le Juge de Police ne prenoit aucun droit pour ces fortes d'inftallations & Maîtrifes, ce qui faifoit connoître que ledit Parfeval n'étoit pas en droit de prendre aucuns de ces droits, foit en qualité de Maire, foit en fa qualité de Lieutenant de Police, puifque le Juge de la même Police n'en prenoit aucun droit. 6°. Que quoiqu'il n'appartienne aucun droit à aucun Officier pour la plantation des poteaux fur les grands chemins, qui fervoient de guides, neanmoins ledit Parfeval Maire, qui s'étoit appliqué d'en faire planter quantité d'inutiles pour fe procurer d'autant plus de profit, n'auroit pas laiffé que de fe faire payer un droit pour chaque poteau planté, & au moins de quarante un fol chacun, ce qui étoit encore une autre exaction de nature differente, juftifiée par une quittance donnée par ledit Parfeval Maire à Robert Gareau lors Collecteur, laquelle étoit jointe à l'information. 7°. Que ledit Parfeval en fa qualité de Lieutenant au Baillage de Nogent avoit rendu plufieurs Jugemens qui paroiffoient fur productions refpectives des parties, & portoient, aprés avoir entendu les Avocats de toutes les parties, quoiqu'il y eût eu des parties qui n'euffent point produit, & que leurs Avocats n'euffent point été entendus ; ce qui étoit une malverfation dans la diftribution de la Juftice dont ledit de Boisjoulain fourniroit la preuve par écrit, & en adminiftreroit témoins, pour joindre ladite preuve aux informations qui étoient à faire. 8°. Que dans le temps que le Confeiller de la Cour des Aydes de Roüen qui étoit audit Nogent à informer contre ledit Parfeval, le Préfident fon frere & leurs plus proches parents faifoient venir chez ledit Parfeval Préfident les témoins qui étoient affignez pour eftre oüis en ladite information, à l'effet de les intimider & tâcher de les empêcher de dépofer finon la totalité, du moins une partie la plus à charge de ce qu'ils avoient à dire; & que par adreffe ou par furprife depuis ladite information faite,

ledit Parſeval Maire, ſon frere le Preſident & autres de leur famille auroient fait ſigner des déclarations partie par les mêmes
témoins qui avoient dépoſé en ladite information , partie par
d'autres Habitans dudit Nogent qui n'avoient pas dépoſé, auſ-
quels ils auroient preſenté les déclarations toutes dreſſées, dans
la vûë de tâcher de détruire les dépoſitions des témoins qui avoient
été oüis en ladite information. 9°. Que lorſque ledit Parſeval
en ſa qualité de Maire faiſoit aſſembler les Habitans dudit Nogent dans l'Hôtel de Ville du même lieu, il portoit ſouvent
tous dreſſez les actes & déliberations qu'il vouloit faire ſigner;
& les Habitans s'étant rendus audit Hôtel de Ville, il les y en-
fermoit, & les forçoit, ſoit par careſſes, ſoit par menaces & intimidations ou autrement , de ſigner leſdits actes & déliberations tels qu'il les leur preſentoit; & à l'égard des Habitans qui
n'avoient point été audit Hôtel de Ville, ou qui avoient trouvé
le moyen de s'en ſauver ſans avoir ſigné , il envoyoit chez eux
leſdits actes & déliberations pour les ſigner , ou les forçoit de
les venir ſigner chez le Greffier dudit Hôtel de Ville, qui eſt
ſon couſin & homme entiérement dévoüé à ſa dévotion. Arreſt
de la Cour du 12. Avril 1712. intervenu ſur ledit procés criminel renvoyé & inſtruit en icelle, par lequel la Cour faiſant droit
ſur le tout, ayant égard aux Requêtes dudit Pierre Parſeval,
l'auroit renvoyé abſous des accuſations contre luy intentées;
ſauf à luy à ſe pourvoir pour ſa réparation d'honneur, dommages & intereſts , réſtitutions des émolumens de ſes Charges ; &
dépens contre qui & ainſi qu'il aviſeroit bon eſtre, deffenſes au
contraire; & en conſequence auroit permis audit Pierre Parſeval de faire informer des faits contenus en ſes Requeſtes, circonſtances & dépendances , pardevant Maiſtre Jean-Jacques
Gaudart Conſeiller Rapporteur, lequel à cet effet pourroit ſe
tranſporter ſur les lieux & partout où beſoin ſeroit, même d'obtenir & faire publier Monitoire en forme de droit, pour l'information & répetition des témoins qui pourroient venir à révéla-
tion faites, raportées, communiquées au Procureur General du
Roy, & vûës, eſtre ordonné ce qu'il appartiendroit pour raiſon:
Comme auſſi auroit permis audit Pierre Parſeval de faire imprimer, publier & afficher ledit Arreſt partout où beſoin ſeroit, ſignifié au Procurer General du Roy le 11. May audit
an 1712. Acte ſignifié à la requeſte dudit du Tertre de

Boisjoulain audit Pierre Parseval le 23. Juillet audit an 1712. contenant que pour démouvoir ledit Sieur Parseval des demandes & pourfuites civiles & criminelles qu'il prétendoit faire contre lui en execution de l'Arreft de la Cour du 12. Avril lors dernier, ledit de Boisjoulain lui déclaroit qu'il avoit été furpris dans fes dénonciations & accufations faites fous fon nom à la Cour des Comptes, Aydes & Finances de Roüen le 11. Décembre 1708. & addition en la Cour le 28. Aouft 1710. lefquelles effectivement n'étoient point venuës de fon chef, ne fçachant rien des faits y contenus, & n'entendant point les affaires ni leurs confequences, mais que la partie fecrette & coûpable contre laquelle il devoit fe pourvoir, étoit Maiftre Regnault Courtin Bailly de Nogent-le-Rotrou, à la follicitation & inftigation duquel il auroit fait les dénonciations & accufations cy-deffus ; que ledit Courtin Bailly de Nogent promit audit de Boisjoulain d'adminiftrer toutes les preuves, & faire avec fa famille tous les débourfez & avances neceffaires pour les pourfuivre & foûtenir; que c'étoit en effet ledit Courtin Bailly de Nogent-le-Rotrou qui avoit ramaffé & adminiftré toutes les pieces jointes au procés, & fait les memoires & inftructions pour foûtenir lefdites dénonciations & accufations ; cherché & follicité les témoins ; dreffé les memoires pour les informations & autres pourfuites qu'il auroit fait, & lui auroit fait faire avec lui, & quelquefois féparément les voyages qu'il auroit convenu ; fourni des chevaux; payé la dépenfe fur les routes & dans les Hôtelleries ; pareillement celles des frais & procedures à Nogent, Roüen, Alençon, au Confeil & à la Cour à Paris ; & que ledit Courtin Bailly de Nogent & fa famille lui avoient envoyé les deniers dont il avoit befoin pour les pourfuites & procedures & pour fa fubfiftance, le tout felon chacun fa contingente part & contribution ; ainfi qu'il étoit juftifié par 26. Lettres miffives qui lui auroient été écrites, qui étoient dans un fac cacheté qu'il auroit dépofé au Greffe criminel de la Cour, avec un Memoire écrit de fa main pour rendre témoignage à la verité, & fe difculper de la furprife & tromperie qu'ils lui auroient faite de fe plonger pour eux dans un fi mauvais procés : defquelles 26. Miffives il y en avoit deux du Sieur Dubofc leur Procureur en la Cour des Aydes de Roüen, trois de Maiftre Regnault Courtin Sieur du Pleffis, deux de Maiftre Jacques Courtin Sieur de Torsay, Lieutenant de Maire de Nogent, son beau-frere; quatre de Ursin-René Nicolas Courtin Abbé de Torsay, aussi son beau-frere; neuf de Gabriel Courtin Sieur de la Rézandiere, son oncle; une de François Gabriel Courtin Abbé de la Rézandiere, son cousin germain; trois de Jacques Bordel le jeune, Ecuyer-Sieur de Viantais, & deux de François-Joseph Bordel, Ecuyer Sieur de la Courdoriere, Prevôt de la Maréchaussée du Perche, leurs amis intimes; c'est pourquoy ledit du Tertre de Boisjoulain, aprés sa bonne-foy & sa justification par tous ces titres dont ledit Parseval feroit tel usage que bon luy sembleroit contr'eux, protestoit à son égard de nullité, dommages, interests & dépens contre ledit Parseval, en cas qu'il le poursuivît & inquietât au sujet dudit procés, où ledit Courtin Bailly de Nogent & sa famille avoient le tort de tous côtez, à ce que ledit Parseval n'en ignorât. Arrest de la Cour du 9. Aoust 1712. rendu sur la requeste dudit Pierre Parseval, par lequel auroit esté ordonné, que pardevant Maistre Jean-Jacques Gaudart Conseiller, il seroit procedé en presence dudit Parseval à l'ouverture dudit sac cacheté & déposé au Greffe criminel de la Cour par ledit du Tertre de Boisjoulain, & dressé procés verbal & inventaire de ce qui s'y trouveroit qui seroit paraphé pour demeurer joint au procés; comme aussi ordonné que tout le procés criminel fait contre ledit Parseval, & jugé à son profit en la Cour par ledit Arrest du 12. Avril dernier, & les pieces & memoires produits & joints à iceluy, seroient aussi joints au procés dont il s'agissoit à present, le tout pour servir & valoir ce que de raison, & au surplus ordonné que l'Arrest du 12. Avril dernier, & ledit Arrest seroient executez par ledit Mc Jean-Jacques Gaudart Conseiller, selon leur forme & teneur, même en temps de vacations, nonobstant oppositions, appellations, prises à partie, récusations & autres empêchemens generalement quelconques faits ou à faire. Ledit procés criminel, pieces & memoires joints par le susdit Arrest. Procés Verbal fait par Maistre Jean-Jacques Gaudart Conseiller-Commissaire à ce commis en execution du susdit Arrest le 12. dudit mois d'Aoust 1712. contenant l'ouverture par luy faite en presence dudit Pierre Parseval, dudit sac déposé au Greffe criminel de la Cour par ledit de Boisjoulain, l'inventaire & description de 26. Lettres missives qui se seroient trouvées dans ledit sac, lesquelles 26. Lettres missives auroient esté paraphées par ledit Conseiller-Commissaire à ce commis, & par ledit Parseval. Procès Verbal fait par ledit Maistre Jean-Jacques Gaudart Conseiller-Commissaire à ce commis, en datte des 16. 18. 19. 20. 21. 22. 23. 24. 25. 26. 27. 28. 29. 30. Septembre, 1. 2. 3. 4. 5. 6. 7. 8. 9. 10. 11. Octobre 1712. contenant le départ dudit Maistre Jean-Jacques Gaudart Conseiller-Commissaire, & le séjour par luy fait à Nogent-le-Rotrou pour l'execution desdits Arrests de la Cour des 12. Avril & 9. Aoust audit an 1712. ledit Procès Verbal contenant la plainte dudit Maistre Pierre Parseval audit Conseiller-Commissaire, au sujet d'un Libelle diffamatoire contre son honneur & réputation & de sa famille, en forme de Lettre missive par luy trouvée sur la fenestre de sa maison, & l'information faite sur icelle par ledit Conseiller-Commissaire, à la requeste dudit Parseval, contre les auteurs dudit Libelle diffamatoire, & le transport fait par ledit Conseiller-Commissaire en la maison dudit Boisjoulain, à l'effet d'y faire perquisition & recherche de pieces qui pourroient servir à conviction. Information faite par ledit Maistre Jean-Jacque Gaudart, Conseiller-Commissaire à ce commis en execution des susdits Arrests des 12. Avril & 9. Aoust 1712. à la requeste dudit Maistre Pierre Parseval, le 20. Septembre audit an 1712. & autres jours suivans. Arrest de la Cour du 24. dudit mois de Septembre 1712. rendu sur la requeste dudit Pierre Parseval, par lequel auroit esté ordonné que lesdits Arrests des 12. Avril & 9. Aoust seroient executez selon leur forme & teneur, & en consequence, que le porte-manteau verd, ensemble toutes les autres hardes, pieces & memoires qui pourroient survenir & servir à conviction, seroient representez par ledit du Tertre de Boisjoulain & autres qui s'en trouveroient chargez, & mis és mains de Maistre Pierre-Claude Amyot Greffier-Commis; lesquels porte-manteau, pieces & memoires, ensemble les pieces & memoires ci-devant representez & joints par ledit Arrest du 9. Aoust lors dernier, seroient representez par ledit Conseiller-Commis, aux témoins qui en auroient connoissance lors de leurs dépositions, à la representation seroit ledit du Tertre de Boisjoulain & tous autres dépositaires contraints par toutes voyes dûes & raisonnables, même par corps, quoi faisant, déchargez, & ce nonobstant toutes oppositions & empêchemens quel conques. Autre Arrest rendu sur la requeste dudit Pierre Parseval le 28. dudit mois de Septembre 1712. par lequel auroit été ordonné que les Arrests des 12. Avril, 9. Aoust lors derniers & 24. dudit mois de Septembre seroient executez selon leur forme & teneur, & en consequence, que Me Jean-Jacques Gaudart Conseiller-Commis par lesdits Arrests pour la confection de l'information par lui commencée, se transporteroit & feroit telle descente qu'il estimeroit à propos dans tous les lieux & endroits de la Ville de Nogent-le-Rotrou & partout ailleurs où besoin seroit, suivant la requisition qui lui en seroit faite par ledit Pierre Parseval ou son Procureur, pour faire toutes les perquisitions necessaires de toutes les pieces, titres, papiers, memoires & autres effets qui pourroient servir à conviction, en dresser procés verbal, inventaire & description sommaire en presence dudit Pierre Parseval ou de son Procureur, si besoin étoit, & en cas de refus, par ceux qui s'en trouveroient chargez d'ouvrir les portes, ledit Conseiller en feroit faire l'ouverture par un Serrurier, pour lesdites pieces, titres, papiers, memoires & autres effets servans à conviction, estre par ledit Conseiller representez aux témoins qui en auront connoissance lors de leurs dépositions & jointes au procés, pour servir & valoir ce que raison, que ce qui seroit par ledit Conseiller fait & ordonné pour parvenir à l'entiere confection de ladite information, ensemble ledit Arrest & les précedens executez nonobstant toutes oppositions, appellations, récusations, prises à partie & autres empêchemens quelconques faits ou à faire, & sans préjudice d'iceux. Extrait du procés verbal du départ & séjour audit Nogent-le-Rotrou par ledit Maistre Jean-Jacques Gaudart Conseiller-Commissaire, contenant la plainte à lui faite par ledit Pierre Parseval le 29. Septembre 1712. au sujet d'un Libelle diffamatoire en forme de Lettre missive contre l'honneur & réputation de lui & de sa famille, par lui trouvé sur sa fenêtre, ensuite de l'information faite par ledit Conseiller-Comissaire le 2. Octobre audit an. Procés Verbal fait par ledit Maistre Jean-Gaudart Conseiller à ce commis, les 29. & 30. Septembre & premier Octobre audit an 1712. en execution dudit Arrest de la Cour du 24. dudit mois de Septembre, contenant son transport en la maison dudit Regnault Courtin, & en celle dudit de Boisjoulain, à l'effet d'y faire les perquisitions ordonnées par

par ledit Arreſt. Arreſt du 5. Octobre audit an 1712. rendu ſur la requeſte dudit Pierre Parſeval, contenant que depuis qu'en execution de l'Arreſt de la Cour du 12. Avril audit an 1712. Maiſtre Jean-Jacques Gaudart Conſeiller-Commiſſaire en cette partie étoit audit Nogent pour informer à la requeſte dudit Pierre Parſeval, entr'autres contre ledit Regnault Courtin du Pleſſis, cy-devant Bailly dudit Nogent, ſa famille & leurs complices, du complot & caballe fait entr'eux pour perdre ledit Parſeval & ſa famille d'honneur, de vie & de biens, ledit Courtin, ſa famille & complices auroient continué & redoublé leurs aſſemblées & conferences de jour & de nuit chez, ledit Courtin & ailleurs, & particulierement depuis que ledit Maiſtre Jean-Jacques Gaudart Conſeiller-Commiſſaire avoit fait deſcente & perquiſition chez aucun deſdits accuſez & complices des pieces, hardes & memoires ſervans à conviction, en execution des Arreſts de la Cour des 24. & 28. Septembre 1712. que leſdits Courtin & complices n'en ſeroient pas demeurez à de ſimples aſſemblées & conferences, qu'ils auroient auſſi ſollicité & intimidé les témoins qu'ils ſçavoient devoir depoſer, rôdé jour & nuit autour de la maiſon dudit Parſeval, de ſon frere & de leur famille à mauvais deſſein; qu'ils auroient fait plus, que la nuit du premier au ſecond dudit mois d'Octobre ils auroient mis ſur la feneſtre de la ſalle de Maiſtre Alexandre Parſeval Préſident & Subdelegué audit Nogent, frere dudit Pierre Parſeval qui demeure avec lui en même maiſon, une Lettre adreſſante audit Pierre Parſeval, remplie d'injures, infamies & menaces extrêmes contre luy & ſa famille, juſqu'à devoir les venir égorger tous dans huit jours, c'eſt-à-dire après le depart dudit Me Jean-Jacques Gaudart Conſeiller-Commiſſaire; Que de ces nouveaux faits ledit Pierre Parſeval auroit porté ſa plainte le Dimanche 2. dudit mois d'Octobre audit Conſeiller-Commiſſaire; dépoſe la Lettre à ſon Greffe, qui à cauſe du flagrant delit auroit dreſſé Procés Verbal & entendu ſur le champ les témoins qui étoient preſens lorſque ladite Lettre avoit été trouvée, & à qui la trouvant ledit Pierre Parſeval en auroit fait lecture; Que ledit Pierre Parſeval avoit un intereſt très ſenſible de faire informer de ces nouveaux faits; & de mettre ſa vie, celle de ſon frere & de leur famille en ſeureté; que pour cela il imploroit la protection de la Cour, pourquoy requeroit qu'acte

C

lui fût donné de la plainte par lui renduë à Maître Jean-Jacques Gaudart Conseiller-Commissaire ledit jour 2. dudit mois d'Octobre 1712. & de ce qu'il la réiteroit en la Cour de tout le contenu en ladite Requeste ; circonstances & dépendances ; qu'il luy fût permis d'en faire informer pardevant ledit Conseiller-Commissaire, qui pourroit aussi informer de tous autres faits sur les plaintes qui luy seroient renduës par ledit Pierre Parseval, pour l'information faite, rapportée, communiquée au Procureur General du Roy, être ordonné par la Cour ce que de raison, sauf audit Procureur General du Roy à prendre telles conclusions qu'il aviseroit, & en consequence que ledit Pierre Parseval, son frere & leur famille seroient mis dés à present pour la sûreté de leurs vies & biens en la sauve-garde souveraine de la Cour contre lesdits Courtin, sa famille & leurs complices, par lequel Arrest acte auroit été donné audit Pierre Parseval de la plainte du 2. dudit mois d'Octobre, par lui renduë à Maître Jean-Jacques Gaudart Conseiller, qui étoit actuellement en la ville de Nogent-le-Rotrou pour l'execution des Arrests de la Cour des 12. Avril, 9. Aoust, 24. & 28. Septembre 1712. de ce qu'il la réiteroit en la Cour par ladite Requeste ; ce faisant lui auroit permis de faire informer pardevant ledit Conseiller Commis des faits contenus en icelles, circonstances & dépendances, & seroient les nommés Thomas Geslain & Jacques Bâcle entendus de nouveau dans l'information sur les faits resultans desdites plaintes, & la lettre en question à eux representée & aux autres témoins qui en auroient connoissance, comme aussi ordonné, que par ledit Conseiller Commis il seroit aussi informé de tous autres faits sur les plaintes qui lui seroient renduës par ledit Pierre Parseval, & ce qui seroit sur ce par lui fait & ordonné pour ladite instruction, même pour l'execution desdits Arrests, executé nonobstant toutes oppositions, appellations, recusations, prises à partie & autres empêchemens quelconques faits ou à faire, & sans préjudice d'iceux, pour le tout fait ; joint aux précédentes informations & communiqué au Procureur general du Roy, & veu être ordonné par la Cour ce que de raison, cependant ordonné que ledit Pierre Parseval, son frere & leurs familles demeureroient sous la protection & sauve-garde du Roy, de la Cour & desdits Courtin, sa famille & autres. Information faite en conféquence par ledit Conseiller-Commissaire le 7. dudit mois d'Octobre 1712. à la requeste dudit Pierre Parseval. Arrest de la Cour du 14. Décembre audit an 1712. intervenu sur la Requeste dudit Pierre Parseval tendante à ce qu'il lui fût permis de faire informer par addition devant ledit Me Jean-Jacques Gaudart Conseiller-Commissaire à ce commis par Arrest du 12. Avril 1712. des faits y mentionnez & énoncez dans les Requestes dudit Parseval servantes de plaintes contre Me Regnault Courtin & autres complices; pour ladite information faite être ordonné ce que de raison, par lequel Arrest la Cour auroit permis audit Pierre Parseval de faire informer par addition des faits contenus esdites Requestes servant de plaintes pardevant le Conseiller-Rapporteur dudit Arrest pour ce fait communiqué au Procureur General du Roy, & vû, être ordonné ce que de raison. Addition d'information faite en conséquence par Me Jean-Jacques Gaudart Conseiller-Commissaire à ce commis à la requeste dudit Pierre Parseval le 20. dudit mois de Décembre 1712. Arrest du 9. Janvier 1713. par lequel auroit été ordonné que Louis-Alexandre du Tertre de Boisjoulain & Regnault Courtin Duplessis seroient pris au corps & amenez és prisons de la Conciergerie du Palais, & la femme dudit Regnault Courtin Duplessis, Jacques Courtin de Torsay & sa femme Ursin-René-Nicolas Courtin dit l'Abbé de Torsay, Gabriel Courtin Rezandiere, la veüve François Courtin de Torsay, Jacques Bordel de Viantis & Joseph François Bordel sieur de la Courdoriere adjournez à comparoir en personnes en la Cour pour être tous oüis & interrogez pardevant le Conseiller-Rapporteur sur le contenu és informations, pour ce fait & le tout communiqué au Procureur General du Roy, & vû, être ordonné ce qu'il appartiendroit par raison, & où lesdits du Tertre de Boisjoulain & Regnault Courtin Duplessis ne pourroient être apprehendez, seroient assignez suivant l'Ordonnance, leurs biens saisis & annotez, & Commissaires y établis, jusqu'à ce qu'ils eussent obéi. Procés verbal de perquisition de la personne dudit Regnault Courtin Duplessis, fait en vertu du susdit Arrest le 14. dudit mois de Janvier 1713. à la requeste dudit Pierre Parseval, avec assignation à lui donnée à la quinzaine. Autre procés verbal de perquisition fait le même jour en vertu du susdit Arrest à la requeste dudit Pierre Parseval de la

C ij

perſonne dudit du Tertre de Boisjoulain, avec aſſignation à lui donnée à la quinzaine. Défauts obtenus par ledit Pierre Parſeval le 4 Février 1713. portans que leſdits Regnault Courtin Dupleſſis & du Tertre de Boisjoulain ſeroient aſſignez à la huitaine. Exploits d'aſſignation à cry public à la huitaine à eux donnée en conſequence à la requeſte dudit Pierre Parſeval les 8 & 11 dudit mois de Février 1713. tant à Paris qu'audit Nogent-le-Rotrou. Défauts contre eux obtenus par ledit Pierre Parſeval le 25 dudit mois de Février 1713. Interrogatoires ſubis pardevant Mᵉ Jean-Jacques Gaudart Conſeiller-Commiſſaire à ce commis en execution dudit Arreſt du 9 Janvier 1713. par leſdits François-Joſeph Bordel de la Courdoriere & Jacques Bordel de Viantais les 18 Février & 2 Mars audit an 1713. & autres jours, contenans leurs réponſes, confeſſions & dénegations. Requeſtes deſdits Jacques Bordel de Viantais & François Joſeph Bordel de la Courdoriere des 2 & 4 dudit mois de Mars 1713. à ce qu'attendu les interrogatoires ſubis par eux, ils fuſſent renvoyez dans les fonctions de leurs Charges, au bas ſont les Ordonnances de la Cour portantes ſoit montré au Procureur General du Roy. Interrogatoires ſubis pardevant ledit Mᵉ Jean-Jacques Gaudart Conſeiller-Commiſſaire à ce commis en execution dudit Arreſt du 9 Janvier 1713. par ledit René-Urſin-Nicolas Courtin de Torſay, Jacques Courtin de Torſay, Marthe Gouhier ſon épouſe, & Marguerite Dattin femme du ſieur Regnault Courtin les 4. 7. 9. & 14 Mars 1713. contenans leurs réponſes, confeſſions & dénegations. Arreſt du 7 Avril audit an 1713. par lequel auroit été ordonné qu'à la requeſte dudit Pierre Parſeval led. Gabriel Courtin de la Reſandiere ſeroit oüy & interrogé ſur les faits reſultans deſdites informations, conformément à l'Arreſt du 9 Janvier audit an 1713. auroit declaré les défauts bien & düement obtenus contre leſdits du Tertre de Boisjoulain & Regnault Courtin Dupleſſis, & avant d'adjuger le profit de la coûtumace, ordonné que les témoins oüis és informations, addition & continuation d'information, & autres qui pourroient être entendus de nouveau par addition, ſeroient recollez en leurs dépoſitions; & ſi beſoin étoit confrontez auſdits Courtin de la Rezandiere, Courtin de Torſay, Marthe Gouhier ſa femme, Courtin dit l'Abbé de Torſay, Marguerite Dattin femme dudit Regnault Courtin

Dupleſſis, Bordel de Viantis, Bordel de la Courdoriere & autres accuſez, & iceux accuſez recollez ſur leurs interrogatoires, & auſſi ſi beſoin étoit confrontez les uns aux autres pour les recollemens faits valoir confrontation à l'égard deſdits du Tertre de Boisjoulain & Regnault Courtin Dupleſſis, & le procés fait & parfait à tous les accuſez & autres qui ſe trouveroient coupables, complices & coutumax ſur tous les faits contenus és plaintes dudit Parſeval, circonſtances & dépendances, même ſur toutes les nouvelles plaintes qui pourroient être renduës par ledit Parſeval ſur tous les nouveaux faits qui pourroient ſurvenir juſqu'à jugement difinitif excluſivement, le tout pardevant Me Nicolas Fraguier Conſeiller, & qu'à cette fin il ſe tranſporteroit en la ville de Chartres où ledit Courtin Rezandiere étoit malade, en celle de Nogent-le-Rotrou & autres lieux, même és maiſons où beſoin ſeroit pour toutes les informations & perquiſitions de pieces ſervantes à conviction, avec l'un des Subſtituts du Procureur General du Roy, comme auſſi auroit été ordonné que l'information, ſi aucune avoit été faite par le Lieutenant General de Belleſme, en execution de l'Arreſt du 17 Mars audit an 1713. à la requeſte dudit Parſeval, ſeroit remiſe és mains du Greffier de la commiſſion pour icelle communiquée audit Subſtitut du Procureur General du Roy, être par ledit Conſeiller-Commiſſaire décreté s'il y écheoit, & l'inſtruction faite & parfaite juſqu'au jugement difinitif auſſi excluſivement, & que ce qui ſeroit fait & ordonné ſur le tout par ledit Conſeiller-Commiſſaire, même en temps de vacations, ſeroit executé nonobſtant toutes oppoſitions, appellations, réculations & priſes à partie, & ſans préjudice d'icelles. Procés-verbal de départ, ſéjour & retour fait par ledit Me Nicolas Fraguier Conſeiller-Commiſſaire pour l'execution du ſuſdit Arreſt le 10. du mois d'Avril audit an 1713. & autres jours ſuivans. Interrogatoire ſubi en la ville de Chartres en execution du ſuſdit Arreſt pardevant ledit Me Nicolas Fraguier Conſeiller-Commiſſaire à ce commis par ledit Gabriël Courtin de la Rezandiere le 14. dudit mois d'Avril. 1713. contenant ſes réponſes, confeſſions & denegations. Recollement des témoins en leurs dépoſitions fait par ledit Me Nicolas Fraguier Conſeiller à ce commis en execution du ſuſdit Arreſt le 14. dudit mois d'Avril 1713. & autres jours ſuivans. Confrontation

faite defdits témoins par ledit Confeiller-Commiffaire à ce commis en execution dudit Arreft du 7. dudit mois d'Avril 1713.
audit Gabriël Courtin de la Rezandiere le 15. dudit mois d'A-
vril & autres jours fuivans. Autre confrontation de témoins faite par ledit Confeiller-Commiffaire en execution du fufdit Arreft audit Jacques Courtin de Torfay le 22. dudit mois d'Avril &
autres jours fuivans 1713. Autre confrontation de témoins faite par ledit Confeiller-Commiffaire en execution du fufdit Arreft à ladite Marthe Gouhier ledit jour 22. Avril & autres jours
fuivans 1713. Autre confrontation de témoins faite par ledit
Confeiller-Commiffaire à ce commis en execution du fufdit Arreft audit René-Urfin-Nicolas Courtin de Torfay ledit jour 22.
Avril & autres jours fuivans 1713. Autre confrontation faite
defdits témoins par ledit Confeiller-Commiffaire en execution
du fufdit Arreft audit Bordel de la Courdoriere ledit jour 22.
Avril & autres jours fuivans 1713. Autre confrontation defdits
témoins faite par ledit Confeiller-Commiffaire en execution
du fufdit Arreft audit Bordel de Viantais ledit jour 22. Avril
audit an 1713. Seconde addition d'information faite par ledit
Me Nicolas Fraguier Confeiller-Commiffaire à ce commis à la
requefte dudit Pierre Parfeval le 3. May audit an 1713. en execution defdits Arrefts de la Cour des 12. Avril, 9. Aouft 14. Decembre 1712. & 7. Avril audit an 1713. Addition d'information faite par ledit Confeiller-Commiffaire le cinq dudit mois
de May 1713. en execution de l'Arreft du 7. Avril audit an,
fur la plainte dudit Pierre Parfeval du 2. Octobre 1713. Ordonnance dudit Me Nicolas Fraguier Confeiller-Commiffaire
dudit jour 5. May 1713. par laquelle auroit été ordonné qu'à
la requefte dudit Pierre Parfeval Jean Baudoüin feroit affigné
pour être oüy pardevant le Confeiller-Commiffaire pour être
interrogé fur les faits refultans des informations & addition
d'information du 7. Octobre 1713. & dudit jour 5. May 1713.
& répondre aux conclufions que le Subftitut du Procureur General du Roy voudroit contre lui prendre. Interrogatoire fubi
en confequence par ledit Baudoüin pardevant le Confeiller-
Commiffaire ledit jour 5. May 1713. contenant fes réponfes,
confeffions & dénegations. Requefte prefentée audit Me Nicolas Fraguier Confeiller-Commiffaire par ledit Bordel de la Courdoriere le 22. Avril 1713. à ce qu'il fût ordonné que le nom-

né Baudoüin âgé de 12. ans & Courtin fils de l'ancien Bailly à peuprés du même âge, tous deux enfans voisins & joüans tous les jours ensemble & allans au College, que ledit Parseval sçavoit lui-même être les auteurs qui avoient fabriqué la lettre en question, & l'avoient mise sur la fenêtre desdits Parseval, & non ledit Bordel de la Courdoriere ni son frere pour en avoir ledit Parseval tombé d'accord à la mere dudit Baudoüin qu'il étoit allé le 21. dudit mois d'Avril solliciter de déposer que c'étoit de certaines gens autres que son fils qui l'avoient mise, seroient tenus de comparoir devant ledit Conseiller Commissaire pour être entendus par leurs bouches, même ladite mere Baudoüin sur cette verité, pour reconnoître l'écriture de ladite lettre, & y representer les themes & écritures qu'ils pouvoient avoir faits jusqu'à present dans leurs classes & ailleurs, pour être iceux écrits joints au procés, à l'effet de quoi attendu la presence du Substitut du Procureur General du Roy en la commission, requeroit sa jonction; au bas est l'Ordonnance dudit Conseiller Commissaire portant soit montré au Substitut du Procureur General du Roy, les conclusions du Substitut du Procureur General du Roy contenant sa requisition que ladite Ordonnance soit jointe au procés, & l'Ordonnance dudit Conseiller Commissaire dudit jour 22. Avril 1713. portant soit fait ainsi qu'il est requis. Autre Requeste presentée audit Conseiller Commissaire par ledit Bordel de la Courdoriere le vingt trois dudit mois d'Avril mil sept cent treize à ce qu'acte lui fût donné de la representation qu'il faisoit de plusieurs écritures que la mere dudit Baudoüin lui avoit fait remettre pour assûrer la verité; qu'il fût ordonné que lesd. écrits seroient communiquez au Substitut du Procureur General du Roy present à la Commission, paraphés en la maniere accoûtumée & joints à sa Requeste du jour precedent, pour lui servir & valoir ainsi que de raison; au bas est l'ordonnance dudit Conseiller Commissaire, portant Soit montré au Substitut du Procureur General du Roy, les conclusions dudit Substitut du Procureur General du Roy, contenant sa requisition que ladite Requeste soit jointe au procés pour en jugeant y estre fait droit ainsi que de raison; l'ordonnance dudit Conseiller Commissaire étant ensuite du même jour 23. Avril 1713. portant que ladite Requeste seroit jointe au procés, sauf à produire les pieces y mentionnées lors du ju-

gemënt du procés. Requeste préfentée audit Conféiller-Commiffaire par ledit Bordel de Viantais ledit jour 23. Avril ; à ce
qu'acte lui fût donné de la répréfentation qu'il faifoit de plufieurs écritures que la mere dudit Baudoüin lui avoit fait remettre & à fon frere pour affeurer la verité des faits énoncez en
ladite Requeste ; qu'il fût ordonné que lefdits écrits feroient
communiquez au Subftitut du Procureur General du Roy préfent à la commiffion , paraphez en la manière accoûtumée, &
joints à la Requeste dudit jour précedent pour lui fervir & valoir ce que de raifon. L'ordonnance dudit Conféiller-Commiffaire étant au bas d'icelle , portant Soit montré au Subftitut du
Procureur General du Roy , les conclufions du Subftitut du Procureur General du Roy , contenant fa réquifition que la Reque-
te foit jointe au procés ; pour en jugeant y eftre fait droit ainfi
que de raifon , & l'ordonnance dudit Conféiller-Commiffaire
étant enfuite d'icelle portant la Requeste jointe au procés , fauf
à produire les pieces y mentionnées lors du jugement du procés. Autre Requeste prefentée audit Conféiller-Commiffaire par
ledit Bordel de la Courdoriere le 4. May audit an 1713. à ce
qu'acte lui fût donné de la plainte qu'il luy rendoit , dont en
temps & lieu il feroit la preuve ; & que dés à préfent par les mêmes témoins qui étoient produits par ledit Parfeval ledit Conféiller-Commiffaire tireroit la preuve de ce fait ; que lefdits Parfeval follicitoient & faifoient folliciter tous les jours lefdits témoins de dépofer plus qu'ils ne fçavoient contre luy accufé , au
bas eft l'ordonnance dudit Conféiller-Commiffaire portant Soit
montré au Subftitut du Procureur General du Roy , les conclufions du Subftitut du Procureur General du Roy contenant
fa requifition que ladite Requeste foit jointe au procés , pour en
jugeant y eftre fait droit ainfi que de raifon , l'ordonnance dudit Conféiller-Commiffaire étant au bas d'icelle du même jour
4. May 1713. portant la Requeste jointe au procés. Autre Requeste préfentée audit Conféiller-Commiffaire par ledit Bordel
de la Courdoriere le 6. du mois de May 1713. à ce qu'il foit
mis à la garde & fuite d'un Huiffier tel qu'il plaira audit Con-
féiller nommer , pour mettre lefdits particuliers témoins dans
le repos qu'ils pouvoient fouhaiter & luy rendre un compte exact
de fes démarches & de fa conduite ; donnant ladite Requeste à
cette fin ; au bas eft l'ordonnance dudit Conféiller-Commiffaire
                                                            portant

portant Soit montré au Subſtitut du Procureur General du Roy, Les concluſions dudit Procureur General du Roy, contenant ſa requiſition que ladite Requeſte ſoit jointe au procés pour en ju-geant y eſtre fait droit ainſi que de raiſon, L'ordonnance dudit Conſeiller-Commiſſaire eſtant au bas d'icelle portant Soit la Re-queſte jointe. Requeſte preſentée audit Conſeiller-Commiſſaire par ledit Bordel de Viantais ledit jour 6. May 1713. à ce que s'il eſtoit ainſi jugé à propos par ledit Conſeiller-Commiſſaire de le mettre à la garde d'un Huiſſier tel qu'il luy plairoit, eſtant la fin de ladite Requeſte qu'il luy donnoit pour le diſſuader de ce que Gabriel Bonneville & tous autres pourroient adroitement & malicieuſement dire contre luy dans leurs confrontations qui n'eſtoit qu'une fineſſe & malice dudit Parſeval ſon accuſateur, pour donner audit Conſeiller-Commiſſaire de mauvaiſes idées de lui, qui n'avoit envie que d'obéïr trés exactement aux Or-donnances de la Cour, au bas eſt l'Ordonnance dudit Conſeil-ler-Commiſſaire portant ſoit montré au Subſtitut du Procureur General du Roy, Les concluſions dudit Subſtitut de nôtre Procureur General contenant ſa requiſition que ladite Requeſte ſoit jointe au procés pour en jugeant y être fait droit ainſi que de raiſon, L'Ordonnance dudit Conſeiller-Commiſſaire étant en ſuite d'icelle du 7. dudit mois de May 1713. portant la Re-queſte jointe. Autre Requeſte preſentée audit Conſeiller Com-miſſaire par ledit Bordel de Viantais le 8. dudit mois de May 1713. contenant plainte contre ledit Pierre Parſeval des faits d'inſulte à lui faite & ſubornation de témoins énoncez en ladi-te Requeſte, requeroit qu'il lui fût permis d'en faire informer pardevant ledit Conſeiller-Commiſſaire, même d'obtenir & fai-re publier monitoire qui ſeroit lû & publié par tout où beſoin ſeroit, même dans les Convents dudit Nogent, au bas eſt l'Or-donnance dudit Conſeiller-Commiſſaire portant ſoit montré au Subſtitut du Procureur General du Roy, Les concluſions du-dt Subſtitut de nôtre Procureur General contenant ſon requiſi-toire que ladite Requeſte ſoit jointe au procés pour en jugeant y être fait droit ainſi que de raiſon, l'Ordonnance dudit Con-ſeiller-Commiſſaire étant enſuite d'icelle dudit jour 8. May 1713. portant ſoit la Requeſte jointe. Recollement des accuſez ſur leurs interrogatoires fait par ledit Mᶜ Nicolas Fraguier Con-ſeiller-Commiſſaire à ce commis le 9. dudit mois de May 1713. & autres jours ſuivans en execution de l'Arreſt du 7. Avril au-

D

dit an 1713. Confrontation faite par ledit Conseiller-Commissaire des accusez les uns aux autres sur leurs interrogatoires le 10. dudit mois de May & autres jours suivans audit an 1713, en execution du susdit Arrest du 7. Avril. Ordonnance dudit Me Nicolas Fraguier, Conseiller-Commissaire du 12. dudit mois de May 1713. renduë sur les conclusions du Substitut du Procureur General du Roy, à la requeste dudit Pierre Parseval, contenant que par des voyes de subornation, menaces, intimidations & autres empêchemens indiscrets il étoit traversé dans l'instruction que ledit Conseiller-Commissaire faisoit à sa requeste en consequence de l'Arrest de la Cour du 7. Avril lors dernier, pourquoi requeroit qu'il plût audit Conseiller-Commissaire lui donner acte de la plainte qu'il lui rendoit & à la Cour contre les auteurs & coupables desdits faits, & lui permettre d'en faire informer pardevant lui circonstances & dépendances, par laquelle Ordonnance ledit Conseiller-Commissaire auroit ordonné qu'il seroit informé pardevant lui des faits portez par la Requeste dudit Parseval, circonstances & dépendances, Information faite en consequence par ledit Conseiller-Commissaire le 13. dudit mois de May 1713. à la requeste dudit Pierre Parseval. Ordonnance dudit Me Nicolas Fraguier Conseiller-Commissaire du 17. dudit mois de May renduë sur le veu de la déposition faite par Nicolas le Breton marchand Hôtellier de la ville de Chartres au Grand Dauphin en datte du 20. Septembre précédent, Recollement dudit le Breton sur sadite déposition du 14. Avril lors dernier, Confrontation dudit le Breton dudit jour 17. May 1713. audit Bordel de la Courdorière contenant les changemens & variations dudit le Breton en sadite confrontation, par laquelle Ordonnance ledit Conseiller-Commissaire auroit ordonné que ledit le Breton seroit tout presentement arrêté prisonnier, & conduit sous bonne & seure garde és prisons de la Conciergerie du Palais pour répondre aux conclusions que notre Procureur General voudroit contre lui prendre, Autre Ordonnance dudit Conseiller-Commissaire du même jour inserée au procés verbal de départ, séjour & retour dudit Conseiller-Commissaire du 10. Avril & autres jours suivans 1713. par laquelle aprés que ledit le Breton auroit été arrêté prisonnier & écroüé és prisons de ladite ville de Chartres comme prisons empruntées, il auroit ordonné qu'il se transporteroit à l'heure presente d'onze heures du soir dans

lesdites prisons de Chartres, à l'effet d'interroger ledit Nicolas
le Breton d'office sur les faits de variations portés en sadite confrontation, Interrogatoire à lui fait en conséquence par ledit
Conseiller-Commissaire le 18. dudit mois de May 1713. Arrest
du 1. Juin audit an, par lequel auroit été ordonné par provi-
sion que ledit le Breton seroit élargi & mis hors des prisons de
la Conciergerie du Palais, à la charge par lui de se representer
en état d'adjournement personnel à toutes assignations qui lui
seroient données en la Cour, faisant ses soumissions, élisant do-
micile & à la caution de sa femme, laquelle seroit pareillement
tenue de faire les soumissions en tel cas requis & accoûtumé,
& pourveu qu'il ne fût détenu pour autres causes, qu'à le lais-
ser sortir les Greffier & Geolier seroient contraints par corps,
quoy faisant déchargez, Acte de soumission faite en consequence au Greffe criminel de la Cour par Marie Pean femme non
commune en biens dudit Nicolas le Breton ledit jour 1. Juin
1713. Requeste presentée à la Cour par ledit Pierre Parseval
le 8. Juillet audit an 1713. à ce que la contumace fût declarée
bien instruite contre Loüis-Alexandre du Tertre de Boisjoulain,
Regnault Courtin Dupleffis, en adjugeant le profit, faisant
aussi droit contre Marguerite Dattin femme de Regnault Courtin Dupleffis, Jacques Courtin de Torsay, Marthe Gouhier sa
femme, Ursin-René-Nicolas Courtin dit Abbé de Torsay,
Gabriël Courtin de la Rezandiére, Jacques Bordel de Viantais & Joseph-François Bordel Courdoriere leurs complices,
sans s'arrester à leurs Requestes, ils fussent tous declarez dûe-
ment atteints & convaincus d'avoir faussement & calomnieusement, par envie, jalousie, complot & caballe, fait dénoncer & accuser par ledit du Tertre de Boisjoulain à la Cour des
Aydes de Roüen, & en la Cour ledit Parseval Maire, Lieutenant General & Particulier de la Ville de Nogent-le-Rotrou,
des prétenduës exactions, concussions & prévarications faites
dans ses Charges, levées de deniers sur le peuple & autres ordures & infamies capitales dont il avoit été renvoyé quitte &
absous par l'Arrest du 12. Avril 1712. d'avoir été ses parties
secretes, recherché & fourni les pieces produites contre lui,
dreffé, écrit & fait écrire les memoires, frayé & déboursé la
nourriture & dépense de Boisjoulain leur dénonciateur, & les
frais & avances du procés criminel & capital contre lui Parse-

D ij

val, s'ils y avoient réüſſi, pour punition de quoi qu'ils fuſſent condamnez ſuivant l'énormité des faits & cas pour la vindicte publique & l'exemple, en telles peines qu'il plairoit à la Cour pareilles à celles que ledit Parſeval auroit merité & encouru capitalement & corporellement, & en une groſſe amende envers le Roy payable ſolidairement & par corps, à cauſe que le procés de lui Parſeval lui avoit été fait & parfait ſur les dénonciations aux frais du Roy, & à l'égard de lui Parſeval partie civile, qu'ils fuſſent auſſi tous condamnez de le reconnoître pour homme de bien & d'honneur & ſans reproches, exempt & incapable des exactions, concuſſions & prévarications, & autres injures & calomnies mentionnées au procés; declarer que fauſſement & témerairement par envie, jalouſie, complot & caballe, ils l'auroient fait dénoncer & accuſer par Boisjoulain, qu'ils s'en dédiſent, s'en repentent & lui en demandent pardon, le tout nuds têtes & à genoüils, conduits par des Huiſſiers dans l'Hôtel de Ville de Nogent-le-Rotrou en preſence de ſon frere & ſa famille, & de cent des principaux & plus notables habitans de Nogent-le-Rotrou, ſes amis & autres qu'il voudroit choiſir dont ſeroit dreſſé procés verbal par les Echevins de la Ville, pour être enſuite les condamnez renvoyez à l'execution des autres peines criminelles & corporelles portées en l'Arreſt qui interviendroit, qu'ils fuſſent en outre condamnez tous auſſi ſolidairement & par corps avec Pierre-Godefroy Courtin, Jean-Loüis Deſchallard de Bourguiniere, Marguerite Courtin ſa femme, Françoiſe Courtin veuve Marin Ozan, Marie-Jeanne Courtin Dupleſſis & Conſors heritiers & biens tenans de Marie Mouſſet à ſon décés veuve François Courtin de Torſay leur mere & ayeule auſſi ſolidairement en la ſomme de 60000. livres de reparation civile envers ledit Parſeval, & en tous les depens depuis la dénonciation du 11. Decembre 1708. faits & à faire auſſi ſolidairement & par corps; que défenſes fuſſent faites à ceux qui pourroient n'eſtre point hors du pays de ſe trouver pendant trente ans dans aucun lieu de Nogent & ailleurs où ledit Parſeval ſeroit, enjoint à eux de s'en retirer; que ledit Parſeval, ſon frere & leur famille, domeſtiques, Fermiers, Témoins, Huiſſiers & autres fuſſent mis en la Sauve-Garde du Roy, de la Cour & de tous les condamnez; qu'il fût ordonné que l'Arreſt ſeroit imprimé, publié & affiché par tout où befoin feroit, auffi à leurs frais, fauf à lui Parſeval de ſe pourvoir encore contre tous autres que bon lui ſembleroit; au bas de la-quelle Requeſte eſt l'Ordonnance de la Cour portant en jugeant, ſignifiée ledit jour 8. Juillet 1713. Arreſt du 29. dudit mois de Juillet 1713. intervenu ſur les Requeſtes deſdits Bordel de Vian-tais & de la Courdoriere tendantes à ce qu'attendu qu'ils étoient nobles d'extraction, ce qu'ils offroient de juſtifier, ils fuſſent renvoyez en la Grand'. Chambre pour être le procés jugé avec la Chambre de la Tournelle, par lequel Arreſt la Cour avant faire droit ſur leſdites Requeſtes auroit ordonné que dans quin-zaine pour toutes préfixions & délais leſdits Bordel de Viantais & de la Courdoriere ſeroient tenus de rapporter les pieces juſti-ficatives en bonne forme de leur nobleſſe, enſemble ledit Bor-del de Viantais ſon extrait baptiſtaire, pour ce fait le tout com-muniqué à nôtre Procureur Général & veu, être ordonné ce que de raiſon. Requeſte dudit Bordel de la Courdoriere du ſept Aouſt audit an 1713. employée pour réponſes à la requeſte dudit Parſeval du 8. Juillet audit an, & tendante à ce qu'il fût renvoyé quitte & abſous de toutes les accuſations contre lui formées par ledit Parſeval, qu'elles fuſſent declarées injurieu-ſes & calomnieuſes, que ledit Parſeval fût condamné d'en fai-re reparation audit Bordel de la Courdoriere en telle forme qu'il plairoit à la Cour de preſcrire, & en tels dommages, in-tereſts & reparations civiles qu'il lui plairoit d'arbitrer, qu'il fût ordonné que la lettre de Regnault Courtin Bailly de No-gent-le-Rotrou en datte du 21. Decembre 1708. endoſſée du billet de 500. livres fait par ledit Courtin & le ſieur de Torſay le lendemain, ſeroit tirée du procés & remiſe audit Bordel de la Courdoriere, & que ledit Parſeval fût condamné en tous les dépens, fauf à nôtre procureur General à prendre telles con-cluſions qu'il aviſeroit bon être pour la vindicte publique con-tre ledit Parſeval, au bas de laquelle Requeſte eſt l'Ordonnan-ce de la Cour portant ait acte, & au ſurplus en jugeant, ſigni-fiée le 7. Septembre audit an 1713. Requeſte dudit Jacques Courtin de Torſay du 11. dudit mois d'Aouſt 1713. employée pour défenſes contre la Requeſte & demande dudit Parſeval du 8. Juillet lors dernier, & tendante à ce qu'il fût renvoyé quit-te & abſous de ſa calomnieuſe accuſation avec reparation, dom-mages, interets & dépens pour leſquels il ſe reſtraignoit à la

fomme de 10000. livres, au bas de laquelle Requeſte eſt l'Ordonnance de la Cour portant ait acte & au ſurplus en jugeant,
ſignifiée ledit jour 11. Aouſt 1713. Requeſte de ladite Marthe
Gouhier femme dudit Jacques Courtin de Torſay du même
jour employée pour défenſes par attenuation contre l'injuſte
accuſation dudit Parſeval, tendante à ce qu'elle fut renvoyée
abſoute avec reparation dommages, intereſts pour leſquels elle
ſe reſtraignoit à la ſomme de 6000. l. & aux dépens, au bas de laquelle Requête eſt l'Ordonnance de la Cour portant ait acte & au
ſurplus en jugeant, ſignifiée ledit jour 11. Aouſt 1713. Requeſte
dudit Urſin-René-Nicolas Courtin de Torſay du 22. dudit mois
d'Août employée pour défenſes à la requeſte & demande dud. Parſeval du 8. Juillet 1713. & à fin de jonction des pieces y énoncées, tendante à ce que ſans avoir égard à la demande dudit
Parſeval dont il ſeroit débouté, ledit Urſin-René-Nicolas Courtin de Torſay fût déchargé de la calomnieuſe accuſation contre lui intentée, qu'il fût condamné en 3000. livres de dommages, intereſts & aux dépens, au bas de laquelle Requeſte eſt
l'Ordonnance de la Cour portant ait acte & au ſurplus en jugeant, ſignifiée ledit jour 22. Aouſt 1713. Requeſte dudit Bordel de Viantais du 7. dudit mois d'Aouſt ſignifiée le 28. à ce
qu'il fut renvoyé quitte & abſous des accuſations intentées contre lui par ledit Parſeval, qu'elles fuſſent declarées calomnieuſes, qu'il fût condamné d'en faire reparation audit Bordel de
Viantais en telle forme qu'il plairoit à la Cour de preſcrire, que
ledit Parſeval fût condamné aux dommages, intereſts dudit
Bordel de Viantais tels qu'il plairoit à la Cour les arbitrer, qu'il
fût débouté de ſes demandes portées par ſa Requeſte du 8. Juillet 1713. & en tous les depens, au bas de laquelle Requeſte eſt
l'Ordonnance de la Cour portant en jugeant, & ſoit ſignifié,
ſignifiée le 28. Aouſt audit an 1713. Requeſte de ladite Marguerite Dattin épouſe autoriſée par juſtice à la pourſuite de ſes
droits au refus de Regnault Courtin ſon mary dudit jour 28.
Aouſt employée pour moyens de reproches contre les témoins
entendus à la requeſte dudit Parſeval au procés, & à fin de jonction au procés des pieces y énoncées, & tendante à ce qu'il fût
ordonné que leſdits témoins reprochez ſeroient rejettez conformément à l'Ordonnance, & ſans y avoir égard qu'il ſeroit
paſſé outre au jugement du procés, ladite Dattin renvoyée

abfoute avec reparation , dommages , interefts & dépens , fauf
& fans préjudice à ladite Dattin de deffendre au fond & plus
amplement , & que les fins & conclufions qu'elle prendroit cy-
aprés lui feroient faites & adjugées avec dépens , au bas de laquelle Requefte eft l'Ordonnance de la Cour portant ait acte
& au furplus en jugeant , fignifiée ledit jour 28. Aouft 1713.
Requefte prefentée par ledit Gabriël Courtin de la Rezandiere le 29. dudit mois d'Aouft employée pour deffenfes à la requefte dudit Parfeval du 8. Juillet audit an 1713. & à fin de
jonction au procés des pieces y énoncées , & tendante à ce que
fans avoir égard à la demande dudit Parfeval dont il feroit dé-
boutté , que ledit Courtin de la Rezandiere fût déchargé de la
calomnieufe accufation contre lui intentée , & que ledit Parfeval fût condamné en fes dommages , interêts & dépens , au bas
de laquelle Requefte eft l'Ordonnance de la Cour portant ait
acte & au furplus en jugeant , fignifiée le 30. dudit mois d'Aouft
1713. Requefte dudit Bordel de Viantais du 31. dudit mois
d'Aouft à fin de jonction au procés des pieces y énoncées & tendante à ce qu'en procedant au jugement du procés les fins &
conclufions par lui prifes lui fuffent adjugées avec dépens , au
bas eft l'Ordonnance de la Cour portant en jugeant & foit fignifié , fignifiée le 1. Septembre audit an 1713. Arreft du 6.
dudit mois de Septembre par lequel la Cour auroit renvoyé le
procés dont étoit queftion en la Grand'Chambre pour être
jugé les Grand'Chambre & Tournelle affemblées , fignifié le
19. dudit mois de Septembre 1713. Requefte dudit Bordel de
Viantais du 26. dudit mois de Septembre à fin de jonction au
procés des pieces énoncées en icelle & tendante à ce qu'en procedant au jugement du procés les fins & conclufions qu'il y auroit prifes lui fuffent adjugées avec dépens , au bas eft l'Ordonnance de la Cour portant en jugeant , fignifiée ledit jour 26.
Septembre 1713. Requefte dudit Parfeval du 27. dudit mois
de Septembre à fin de jonction au procés des pieces y énoncées & employées pour contredits contre la production nouvelle dudit Bordel de Viantais faite par Requefte du 26. dudit mois de Septembre , & tendante à ce que les fins & conclufions par lui cy-devant prifes par fa Requefte lui fuffent adjugées avec dépens , au bas eft l'Ordonnance de la Cour portant ait acte & au furplus en jugeant , fignifiée ledit jour 27.
Septembre 1713. Arreft du 29. Decembre audit an 1713.

rendu les Grand'-Chambre & Tournelle affemblées par lequel auroit été ordonné que dans un mois du jour de la fignification qui feroit faite dudit Arreft aux perfonnes ou domicilles defdits Marguerite Dattin, Jacques Courtin de Torfay, Marthe Gouhier fa femme, Urfin René-Nicolas Courtin, Gabriel Courtin de la Rezandiere, Jacques Bordel de Viantais, & Jofeph-François Bordel de la Courdoriere, feroient tenus de fe reprefenter aux pieds de nôtred. Cour pour être procédé au jugement dudit procès, autrement & à faute de ce faire dans ledit temps, & icelui paffé qu'ils feroient pris au corps & menez prifonniers és prifons de la Conciergerie du Palais fi pris & apprehendez pouvoient être, finon affignez par une feule proclamation, leurs biens faifis & annotez, & Commiffaires y établis jufqu'à ce qu'ils euffent obéi, exploits de fignifications faites d'icelui à la requefte dudit Parfeval les 2. & 3. Janvier 1714. avec fommation d'y fatisfaire. Actes de comparutions perfonnelles faites au Greffe Criminel de la Cour par lefdits Bordel de Viantais, Urfin-René-Nicolas Courtin, Gabriel Courtin de la Rezandiere, Marguerite Dattin, Jacques Courtin de Torfay, Marthe Gouhier fon époufe & Bordel de la Courdoriere des 8. 9. & 25. Janvier, 1. 5. 26. Février & 12. Mars audit an 1714. Arreft du 24. Janvier audit an par lequel auroit été ordonné que dans huitaine du jour de la fignification qui feroit faite dudit Arreft à la perfonne ou domicille dudit Nicolas le Breton il feroit tenu de fe reprefenter aux pieds de la Cour pour être procédé au jugement dudit procès, autrement & à faute de ce faire dans ledit temps & icelui paffé qu'il feroit pris au corps & amené prifonnier és prifons de la Conciergerie du Palais, fi pris & apprehendé pouvoit être, finon affigné par une feule proclamation, fes biens faifis & annotez, & Commiffaires y établis jufqu'à ce qu'il eût obéi, Exploit de fignification faite d'icelui à la requefte dudit Parfeval audit Nicolas le Breton avec fommation d'y fatisfaire du 29. dudit mois de Janvier 1714. Acte de comparution perfonnelle faite au Greffe Criminel de la Cour par ledit le Breton le 7. Février audit an 1714. Requefte dudit Parfeval du 16. Janvier 1714. employée pour réponfes & contredits à toutes les Requeftes & demandes données par les accufez comparans & à leurs pieces produites, & tendante à ce que la coutumace fût declarée bien inftruite contre lefdits Louis.

Loüis-Alexandre du Tertre de Boisjoullain & Regnault Courtin Dupleſſis, en adjugeant le profit & faiſant auſſi droit contre leſdits Marguerite Dattin femme dudit Regnault Courtin Dupleſſis, Jacques Courtin de Torſay, Marthe Gouhier ſa femme, Urſin-René-Nicolas Courtin dit l'Abbé de Torſay, Gabriel Courtin de la Rezandiere, Jacques Bordel de Viantais, & Joſeph-François Bordel de la Courdoriere leurs complices, ſans s'arreſter à toutes leurs Requeſtes, ils fuſſent declarez tous dûëment atteints & convaincus d'avoir calomnieuſement & fauſſement, par envie, jalouſie, complot & caballe avec ladite feue Marie du Mouſſet veuve Courtin de Torſay, fait dénoncer & accuſer par ledit du Tertre de Boisjoulain à la Cour des Aydes de Roüen & en nôtred. Cour led. Parſeval Maire, Lieutenant General & particulier de la ville de Nogent-le-Rotrou, des prétenduës exactions, concuſſions & prévarications faites dans ſes Charges, levées de deniers ſur le peuple & autres ordures & infamies, capitales dont il auroit été renvoyé quitte & abſous par l'Arreſt de la Cour du 12. Avril 1712. d'avoir été les parties ſecretes, recherché, fourni les pieces produites contre lui, dreſſé, écrit & fait écrire les memoires, frayé, débourſé la nourriture & dépenſe dudit Boisjoulain leur dénonciateur & les frais & avances dudit procés criminel & capital contre lui, s'ils avoient réuſſi, pour punition de quoi, que les vivans fuſſent condamnez ſuivant l'énormité deſdits faits & cas pour la vindicte publique & l'exemple, en telles peines qu'il plairoit à la Cour pareilles à celles que ledit Parſeval auroit merité & encouru capitalement & corporellement & en une groſſe amande envers le Roy, payable ſolidairement & par corps, à cauſe que le procés dudit Parſeval lui avoit été fait & parfait ſur leſdites dénonciations aux frais du Roy, & à l'égard dudit Parſeval partie civile, que tous leſd. vivans fuſſent auſſi condamnez de le reconnoître pour homme de bien d'honneur & ſans reproches, exemt & indigne des exactions, concuſſions, prévarications & autres injures & calomnies atroces mentionnées au procés, declarer que fauſſement & temerairement, par envie, jalouſie, complot & caballe ils l'auroient fait dénoncer & l'en auroient fait accuſer par ledit Boisjoulain, qu'ils s'en dédiſoient, s'en repentoient & lui en demandoient pardon, le tout nuds têtes ſans armes & à genoux conduits par des Huiſſiers dans l'Hôtel de Ville de Nogent-le-Ro-

E

trou en préſence de ſon frere & de leur famille, & de cent des principaux & notables habitans dudit Nogent ſes amis & autres qu'il voudroit choiſir, dont ſeroit dreſſé procés verbal par les Echevins de ladite Ville, pour être enſuite leſdits condamnez renvoyez à l'execution des autres peines criminelles & corporelles portées en l'Arreſt qui interviendroit, qu'ils fuſſent en outre tous condamnez ſolidairement & par corps avec ledit Pierre-Godefroy Courtin, Jean-Loüis Déchallard de Bourguiniere, Marguerite Courtin ſa femme, Françoiſe Courtin veuve de Marin Ozan, Jeanne-Marie Courtin Dupleſſis & conſors audit nom heritiers & biens-tenans de ladite Marie du Mouſſet à ſon décés veuve du ſieur François Courtin de Torſay leur mere & ayeülle, auſſi ſolidairement en la ſomme de 60000. livres de reparation civile envers ledit Parſeval, & en tous les dépens depuis ladite dénonciation du 11. Decembre 1708. faits & à faire auſſi ſolidairement & par corps, deffenſes fuſſent faites à ceux qui pourroient n'être point hors du pays de ſe trouver pendant trente ans dans aucun lieu dudit Nogent & ailleurs où ledit Parſeval ſeroit, & de s'en retirer, que ledit Parſeval fût d'abondant mis, ſon frere & leur famille, domeſtiques, témoins, fermiers, Huiſſiers & autres en la ſauvegarde du Roy, de la Cour & de tous leſdits condamnez à peine de la hart, qu'il fût ordonné que l'Arreſt ſeroit imprimé, publié & affiché par tout où beſoin ſeroit auſſi à leurs frais ſolidairement, ſauf audit Parſeval à ſe pourvoir encore dans la ſuite contre tous autres que bon lui ſembleroit, au bas de laquelle Requeſte eſt l'Ordonnance de la Cour portant ait acte & au ſurplus en jugeant & ſoit ſignifié, ſignifiée les 27. Janvier & 24. Mars audit an 1714. Requeſte dudit Parſeval du 26. dudit mois de Janvier audit an à fin de jonction au procés des pieces y énoncées & employées avec le contenu au procés verbal de compulſoire du 7. Novembre 1713. & ce qu'il auroit écrit & produit pour réponſes & en tant que beſoin étoit ou ſeroit pour contredits contre la Requeſte de production nouvelle du ſieur Bordel du 1. Septembre 1713. & contre les pieces y énoncées, au bas de laquelle Requeſte eſt l'Ordonnance de la Cour portant ait acte & au ſurplus ſoit la Requeſte & pieces communiquées à parties pour y fournir de contredits dans le temps de l'Ordonnance, ſignifiée ledit jour 26. Jan-

vier 1714. Requeſte dudit Parſeval du 30. dudit mois de Janvier à ce qu'acte lui fût donné de ce que pour détruire l'*alibi*
propoſé par le ſieur Bordel de la Courdoriere & autres ſes complices & accuſez qu'il étoit abſent de Nogent & au ſervice du
Roy conduiſant des priſonniers de guerre, au temps que le ſieur
d'Houdemar Conſeiller-Commiſſaire de la Cour des Aydes de
Roüen informoit contre ledit Parſeval, il employoit le contenu au procés verbal fait à l'Hôtel de Ville de Nogent le 28.
Janvier 1709. juſtificatif que ledit Bordel de la Courdoriere
Prevoſt Provincial du Perche s'étoit chargé de ces priſonniers
de guerre, pour les conduire à Valenciennes ſuivant l'ordre du
Roy, & que pour cet effet il étoit parti le même jour de Nogent, & pour réponſes à la Requeſte dudit Bordel Courdoriere du 27. Novembre 1713. le contenu en ladite Requeſte, qu'il
lui fût permis de joindre au procés criminel en queſtion le
procés verbal cy-deſſus, & au ſurplus que ſes concluſions cy-devant priſes lui fuſſent adjugées avec dépens, au bas de laquelle
Requeſte eſt l'Ordonnance de la Cour portant en jugeant, ſignifiée ledit jour 30. Janvier 1714. Requeſte preſentée à la Cour
par leſdits Bordel de Viantais & de la Courdoriere à ce qu'acte
leur fût donné des faits contenus en ladite Requeſte contre ledit Parſeval & ſon frere au ſujet de l'écroüe du nommé Heliard,
qu'il leur fût permis d'en informer, ordonner que les témoins
qui ſeroient indiquez & aſſignez ſeroient entendus par tel de
Meſſieurs qu'il plairoit à la Cour de commettre, pour l'information faite & communiquée au Procureur Generel du Roy être
par lui pris telles concluſions qu'il appartiendroit, requerans ſa
jonction, & dés à preſent qu'il fût ordonné que la minutte du
procés verbal de compulſoire fait le 7. Novembre 1713. par Jean
Deſnoyers Huiſſier à la requeſte dudit Pierre Parſeval ſeroit inceſſamment apportée au Greffe de la Cour, ledit Deſnoyers
Huiſſier tenu d'obéïr au premier commandement qui ſeroit fait,
ſinon contraint par corps, Arreſt du 3. Février audit an 1714.
rendu les Grand'Chambre & Tournelle aſſemblées ſur ladite
Requeſte & concluſions du Procureur General du Roy, par lequel la Cour auroit joint ladite Requeſte au procés pour en jugeant y être fait droit ainſi que de raiſon, ſignifié le 7. dudit
mois de Février 1714. Requeſte dudit Parſeval du 3. dudit mois
de Février employée avec ce qu'il avoit déja dit, écrit & pro-

duit pour réponses aux reproches fournis par lad. Marguerite Dattin
témoins de son information & pour contredits contre les pieces
par elle apportées & produites, ladite Requeste tendante aussi à
fin de jonction au procés des pieces y énoncées, & à ce que sans
avoir égard aux reproches d ladite Dattin accusée, aux pieces
par elle produites & rapportées, ni à ce qu'elle auroit dit, écrit
& produit au procés, les fins & conclusions que ledit Parseval y
avoit prises lui fussent adjugées avec dépens, au bas est l'Ordonnance de la Cour portant ait acte & au surplus en jugeant,
signifiée le 5. dudit mois de Février 1714. Autre Requeste dudit Parseval du 15. dudit mois de Février à fin de jonction au
procés des pieces y énoncées & tendante à ce qu'en procedant
au jugement du procés les fins & conclusions qu'il avoit prises
lui fussent adjugées avec dépens, au bas est l'Ordonnance de la
Cour portant en jugeant, signifiée ledit jour 15. Février 1714.
Requeste dudit Nicolas le Breton du 26. dudit mois de Février
à ce qu'il fût renvoyé absous de l'accusation contre lui formée, ordonné que son elargissement provisionnel demeureroit définitif & qu'il seroit fait mention de l'Arrest qui interviendroit à cô-
té de son écroüe, à ce faire le Greffier de la Geole contraint,
sans préjudice de ses dommages, interests & dépens, pour lesquels il se pourvoiroit contre qui & ainsi qu'il aviseroit bon être,
qu'acte lui fût donné de ce que pour écritures & production sur
ladite demande il employoit le contenu en ladite Requeste, au
bas est l'Ordonnance de la Cour portant ait acte & au surplus
en jugeant, signifiée le 27. dudit mois de Février 1714. Requeste dudit Parseval dudit jour 27. Février employée pour réponses à la Requeste desdits Bordel de Viantais & Bordel de la
Courdoriere freres en forme de plainte du 3. dudit mois de Février tendante à ce que sans y avoir égard ni à toutes leurs autres Requestes dont ils seroient déboutrez au principal, toutes
les fins & conclusions qu'il auroit prises contre eux & leurs complices lui fussent adjugées solidairement par corps avec tous les
dépens aussi solidairement, au bas est l'Ordonnance de la Cour
portant en jugeant, signifiée ledit jour 27. Février 1714. Requeste presentée à la Cour par ledit Parseval au principal demandeur & accusateur, contre ledit Bordel de Viantais audit
principal deffendeur & accusé avec autres ses complices,
à ce que veu les pieces attachées à ladite Requeste notam-

ment le procés verbal de compulsoire de la minutte de l'inventaire des titres & papiers de la succeffion de feu Me Hiacinthe Fournier vivant Procureur dudit Parseval du 7. Novembre 1713. & autres jours, fait à la requeste dudit Bordel de Viantais par Jolly Huissier des Requestes du Palais les 10. & 12. Février 1714. dans lequel compulsoire ledit de Viantais par une suite & continuation de calomnies contre ledit Parseval, auroit eu la malice & l'effronterie d'inventer, dire, faire, écrire & signer qu'il entendoit compulser les pieces trouvées sous les scellez concernantes ledit Parseval & ledit sieur Fournier, ensemble une indemnité donnée par ledit Parseval audit feu Fournier, d'une obligation que lui Fournier auroit passée au profit d'un des Greffiers de la Cour, dont il auroit requis acte pour lui servir & valoir ce que de raison, & protesté de toutes pertes, dommages & interests en cas de refus, qui étoient toutes faussetez & injures atroces & qualifiées dont il étoit de même atteint & convaincu par le compulsoire de la minutte de l'inventaire où il ne s'étoit rien trouvé desdites suppositions & impostures, dans lesquelles ledit de Viantais s'étoit encore opiniâtré & protesté de se pourvoir par aggravation de son impudence & de son crime, il plût à la Cour donner acte audit Parseval de la plainte qu'il lui rendoit contre ledit Bordel de Viantais à ce regard, & de ce que pour icelle il employoit le contenu en sadite Requeste qu'il affirmoit veritable & se portoit partie contre lui, & en consequence pour les cas resultans de la minutte de l'inventaire & du compulsoire d'icelle, que ledit Bordel de Viantais seroit tenu de reconnoî-tre que faussement & calomnieusement il avoit imputé audit Parseval audit compulsoire, d'avoir fait passer par feu Me Hyacinthe Fournier une obligation au profit d'un Greffier de la Cour pour le corrompre, & d'avoir passé une indemnité audit Fournier de l'en acquitter, laquelle étoit employée en l'inventaire, declarer qu'il s'en repentoit, lui en demandoit pardon & de le reconnoître pour homme de bien & d'honneur & indigne d'uler de voyes indirectes, qu'il fût ordonné que les termes injurieux contenus au compulsoire en seroient rayez & biffez, que deffenses lui fussent faites de récidiver à l'avenir à peine de punition corporelle, qu'il fût en outre condamné & par corps en 3000. livres de reparation civile, dommages & interests envers ledit Parseval & aux dépens, qu'il fût ordonné que l'Arrest qui

interviendroit, & la reparation d'honneur qui s'enfuivroit feroient lûs, publiez & affichez par tout où befoin feroit à fes
frais, & au furplus que les autres fins & conclufions que ledit
Parfeval auroit prifes dans l'inftance de fon accufation princi-
pale contre ledit de Viantais & fes complices lui fuffent adjugées fans préjudice de fes autres droits & actions contre eux
tous, au bas de laquelle Requefte eft l'Ordonnance de la Cour
du 22. Mars audit an 1714. portant foit montré au Procureur
General du Roy, Arreft du 27. dudit mois de Mars rendu les
Grand'-Chambre & Tournelle affemblées fur ladite Requefte,
les conclufions du Procureur General du Roy & le veu des
pieces attachées à icelle Requefte, par lequel la Cour auroit
joint ladite Requefte au procés pour en jugeant icelui y être
fait droit ainfi que de raifon, fignifié avec ladite Requefte le
11. Avril audit an 1714. Autre Arreft rendu les Grand'-Cham-
bre & Tournelle affemblées le 2. dudit mois de Mars fur la Requefte dudit Parfeval tendante à ce qu'il fût ordonné que la minutte du procés verbal de compulfoire fait à fa requefte par
Defnoyers Huiffier les 7. & 9. Novembre 1713. du regiftre de
Charles Chanteloup Concierge des prifons du Château dudit
Nogent, feroit par ledit Defnoyers apportée au Greffe Criminel de la Cour aux frais & dépens de qui il appartiendroit, à
quoi faire ledit Defnoyers feroit contraint par corps, à lui enjoint d'obéir au premier commandement qui lui feroit fait à
peine d'interdiction, pour être enfuite la minutte dudit procés
verbal jointe au procés pendant en la Cour entre ledit Parfeval & les fieurs Bordel de Viantais, de la Courdoriere & autres, par lequel Arreft nôtred. Cour auroit ordonné que ladite minutte du procés verbal de compulfoire feroit apportée au Greffe
Criminel de la Cour, à ce faire ledit Defnoyers contraint par
corps, à lui enjoint d'obeir au premier commandement à peine d'interdiction, pour ladite minutte apportée être jointe au
procés & en jugeant icelui y avoir tel égard que de raifon, fignifié le 26. Mars audit an 1714. ladite minute de procés verbal de compulfoire jointe au procés. Arreft intervenu les Grand'-
Chambre & Tournelle affemblées le 14. dudit mois de Mars
1714. entre ledit Parfeval demandeur aux fins de la commiffion par lui obtenuë en Chancellerie le 3. Mars 1713. & exploits d'affignations données en confequence les 11. & 14. du

même mois de Mars, la demande portée par ladite commiſſion tendante à ce que les deffendeurs cy-aprés nommez fuſſent
tenus de reprendre au lieu & place de Marie Mouſſet leur mere & ayeulle vivante veuve de Me François Courtin vivant Bailly dudit Nogent. le. Rotrou l'inſtance d'entre ledit Parſeval
demandeur & accuſateur & ladite deffunte Marie Mouſſet où elle
étoit partie, pendante au rapport de Me Jean-Jacques Gaudarc
Conſeiller, laquelle Mouſſet étoit decretée d'adjournement per-
ſonnel par Arreſt de la Cour du 9. Janvier 1713. à elle ſignifié par exploit du même mois de Janvier, qui avoit enſuite propoſé ſon exoine à cauſe de là maladie dont elle étoit décédée
& demandé un délay pour ſubir interrogatoire ſur ledit decret
ſuivant la Requeſte qu'elle avoit preſentée le 15. Février 1713.
ſinon & à faute de ce, que ladite inſtance ſeroit & demeureroit
pour repriſe avec les deffendeurs, qui ſeroient tenus de procéder
ſuivans les derniers erremens & iceux condamnez aux dépens
d'une part, & Jacques Courtin Lieutenant de Maire dudit No-
gent.le-Rotrou, Urſin-René-Nicolas Courtin Clerc tonſuré,
Jeanne-Marie Courtin fille émancipée de Me Regnault Courtin Bailly de Nogent procedante ſous l'autorité de Me Jean-
Odet David ſon curateur, & ledit David audit nom, Marguerite Courtin femme autoriſée à la pourſuite de ſes droits au
refus de Jean.Loüis Deſchallard Ecuyer Sr de Bourguiniere ſon
mary par Arreſt contradictoire du 2. Septembre 1713. & Françoiſe Courtin veuve de deffunt Marin Ozan, tous heritiers de
ladite deffunte Marie Mouſſet veuve dudit Me François Courtin leur mere & ayeulle deffendeurs d'autre part, par lequel
Arreſt la Cour les Grand'-Chambre & Tournelle aſſemblées
auroit ordonné que dans 3. jours leſd. Jacques, Urſin-René-Nicolas, Jeanne-Marie Courtin, Françoiſe Courtin, & David & lad.
Marguerite Courtin femme dudit Bourguiniere, ſeroient tenus
de reprendre l'inſtance dont étoit queſtion, autrement & à faute de ce faire l'auroit tenuë pour repriſe, & les auroit condam-
nés aux dépens de l'incident, ſignifié le 17. dudit mois de Mars
1714. Requeſte dudit Parſeval du 24. dudit mois de Mars à ce
qu'acte lui fût donné de ce que pour concluſions en conſequence de l'Arreſt de repriſe du 14. dudit mois de Mars contre les
heritiers de la Damoiſelle du Mouſſet il employoit le contenu
en ladite Requeſte, avec les charges & informations tant du

Lieutenant Criminel de Monfort-l'Amaury que de nôtrd. Cour &
autres pieces, memoires, lettres, Requeftes, procedures & tout
ce qu'il avoit fait, dit & écrit en l'inftance, & en confequence
faifant droit à ce regard pour les cas refultans du procés contre la feuë Damoifelle Marie Mouffet au jour de fon décés veuve de Mᶜ François Courtin Sʳ de Torfay Bailly de Nogent-le-
Rotrou, Jacques Courtin Sʳ de Torfay Lieutenant de Maire de Nogent-le-Rotrou, Urfin-René-Nicolas Courtin dit l'Abbé de Torfay, Marguerite Courtin femme de Jean-Loüis Defchallard Ecuyer
Sieur de Bourguiniere autorifée par Juftice au refus de fon mary, Françoife Courtin veuve Marin Ozan, Jeanne-Marie Courtin Dupleffis fille mineure procedante fous l'autorité de Mᶜ Jean-
Odet David Avocat fon curateur aux caufes, & le même David en ce nom de curateur, fes enfans & petite fille, heritiers &
biens-tenans folidairement avec Loüis-Alexandre du Tertre de
Boisjoulain & Regnault Courtin Dupleffis Bailly de Nogent-le-Rotrou abfens & contumax, Marguerite Dattin, Gabriel Courtin de la
Rezandiere leur oncle, Jacques Bordel Ecuyer Sʳ de Viantais, Jofeph-François Bordel de la Courdoriere Prevoft & lefdits Jacques Courtin Lieutenant de Maire de Nogent-le-Rotrou, &
René-Urfin-Nicolas Courtin dit Abbé de Torfay de leur chef
tous complices en 60000. livres de reparation civile envers ledit Parfeval & en tous les dépens depuis la dénonciation du
11. Decembre 1708. faits & à faire auffi folidairement & par
corps, & au furplus que les autres fins & conclufions d'honneur & d'intereft qu'il auroit prifes en l'inftance contre tous les
accufez de leur chef, & auffi folidairement & par corps, lui fuffent adjugez, fans préjudice de fes autres droits & actions contre eux tous & autres, au bas de laquelle Requefte eft l'Ordonnance de nôtred. Cour portant en jugeant, fignifiée le 26. dudit
mois de Mars 1714. Requefte dudit Parfeval du 23. dudit mois
de Mars à ce qu'acte lui fût donné de ce que pour réponfes au
fait avancé par Marguerite Dattin femme de Regnault Courtin accufée, inferé en fa Requefte du 28. Aouft 1713. que ledit Parfeval avoit remis à Boisjoulain & à Magdelaine Hubert
fa femme la fomme de 1281. livres 16. fols 6. deniers qu'elle
lui devoit pour le prix de l'abandonnement que Boisjoulain lui
avoit fait de fon nom & de fes memoires qu'il avoit fabriquez
fauffement de fa propre main, & des pieces que lui-même Boif-
joulain

joulain avoit eu perfonnellement la hardieffe de mettre au Greffe
de nôtred. Cour nonobftant le decret de prife de corps contre lui
decerné, duquel il avoit l'indemnité, il employoit le contenu
au procés verbal portant quittance de l'époufe dudit Parfeval
de la fomme de 1281. livres 16. fols 7. deniers faifant partie
de ce que lui devoit la fucceffion de Magdelaine Hubert femme de Boisjoulain fait devant le Bailly de Nogent le 20. Janvier 1714. qu'il lui fût permis de produire & joindre ledit pro-
cés verbal aux inductions qui en auroient été tirées par ladite
Requefte, & fans avoir égard à la Requefte de ladite Dattin du
28. Aouft 1713. aux pieces par elle produites, ni à ce qu'elle
auroit dit, écrit & produit au procés, les fins & conclufions
prifes par ledit Parfeval lui fuffent adjugées, au bas de laquelle
Requefte eft l'Ordonnance de nôtred.Cour portant ait acte & au
furplus en jugeant, fignifiée le 24. dudit mois de Mars 1714. Requefte dudit Bordel de Viantais du 13. Avril audit an à ce qu'a-
cte lui fût donné de ce que pour répondre à la Requefte dudit
Parfeval du 17. Janvier lors dernier, il employoit le contenu
en fa Requefte, qu'il lui fût permis de joindre au procés les
pieces produites par fadite Requefte aux inductions tirées, ordonner qu'elles feroient communiquées audit Parfeval, & procedant au jugement du procés en déboutant ledit Parfeval des
conclufions par lui prifes au procés contre ledit Bordel de
Viantais, il fût renvoyé quitte & abfous des accufations intentées contre lui par ledit Parfeval, qu'elles fuffent declarées ca-
lomnieufes, qu'il fût condamné d'en faire reparation audit Bordel de Viantais en telle forme qu'il plairoit à la Cour prefcri-
re, que ledit Parfeval fût condamné en 6000. livres d'interefts
civils & en tous les dépens, ayant égard à la Requefte dudit
Bordel de Viantais jointe au procés par Arreft du 3. Février
dernier, attendu la preuve qui refultoit des faits y contenus par les
pieces rapportées fous la cotte G de fa Requefte, qu'il lui fût
permis d'en informer, ordonné que les témoins qui feroient
indiquez & affignez feroient entendus par tel de Meffieurs qu'il
plairoit à nôtred. Cour commettre pour l'information faite &
communiquée à nôtre Procureur General, être par lui pris telles conclufions qu'il appartiendroit requerant ledit Bordel de
Viantais fa jonction & dés à prefent qu'il fût ordonné que la

F

minutte du procés verbal de compulfoire du 7. Novembre 1713.
fait par Jean Defnoyers Huiſſier à Belefme reſident à Nogent-
le-Rotrou à la requeſte dudit Parſeval feroit inceſſamment apportée au Greffe de la Cour, ledit Defnoyers tenu d'obéir au
1er commandement qui lui feroit fait finon contraint par corps
au bas de laquelle Requeſte eſt l'Ordonnance de la Cour portant ait acte & au furplus en jugeant & foit fignifié, fignifiée le
14. dudit mois d'Avril 1714. Requeſte dudit Bordel de la Courdoriere du 18. dudit mois d'Avril à ce qu'acte lui fût donné de
ce que pour réponſes à la Requeſte dudit Parſeval du 17. Janvier 1714. il employoit le contenu en fadite Requeſte, qu'il lui
fût permis d'y joindre les pieces y énoncées, qu'il fût ordonné
qu'elles feroient communiquées audit Parſeval & procedant au
jugement du procés en débouttant ledit Parſeval des conclufions par lui priſes contre ledit Bordel de la Courdoriere, qu'il
fût renvoyé quitte & abfous des accufations contre lui intentées par ledit Parſeval, qu'elles fuſſent declarées calomnieuſes,
qu'il fût condamné d'en faire reparation audit Bordel de la
Courdoriere en telle forme qu'il plairoit à la Cour preſcrire,
que ledit Parſeval fût condamné en 6000. livres d'intereſts civils & en tous les dépens; ayant égard à la plainte rendue par
ledit Bordel de la Courdoriere conjointement avec ledit Bordel de Viantais fon frere jointe au procés par Arreſt du 3. Février dernier, attendu la preuve qui reſultoit des faits y contenus par les pieces produites par ledit de Viantais fous la cotte
G. de fa Requeſte du 13. dudit mois d'Avril 1714. qu'il lui fût
permis d'en informer, ordonné que les témoins qui feroient
indiquez & aſſignez feroient entendus par tel de Meſſieurs qu'il
plairoit à nôtre Cour commettre pour l'information faite & communiquée à nôtre Procureur General être par lui pris telles concluſions qu'il appartiendroit, requerant ledit Bordel de
la Courdoriere fa jonction, & dés à preſent qu'il fût ordonné
que la minutte du procés verbal de compulfoire du 7. Novembre 1713. fait par Jean Defnoyers Huiſſier à Bellefme reſident
à Nogent-le-Rotrou à la requeſte dudit Parſeval, feroit inceſ-
famment apportée au Greffe de la Cour, ledit Defnoyers tenu
d'obéir au premier commandement qui feroit fait finon contraint par corps, au bas de laquelle Requeſte eſt l'Ordonnan-

ce de nôtred. Cour portant ait acte & au surplus en jugeant & soit
signifié, signifiée ledit jour 18. Avril 1714. Requeste de ladite
Marguerite Dattin du 19. dudit mois d'Avril à ce qu'acte lui
fût donné de ce que pour satisfaire à tous les reglemens de l'instance elle employoit le contenu en sadite Requeste, que les conclusions qu'elle y avoit prises lui fussent adjugées, & en consequence qu'elle fût renvoyée de l'accusation formée contre elle
par ledit Parseval avec dommages & interests pour lesquels elle
se restraignoit à la somme de 6000. livres, & que ledit Parseval fût condamné en tous les dépens, au bas de laquelle Requeste
est l'Ordonnance de la Cour portant ait acte, signifiée led. jour
19. Avril 1714. Requeste presentée par Jacques Courtin, Pierre-Godefroy Courtin Ecuyer Chevau-Léger de la Garde du Roy, Ursin-
René-Nicolas Courtin de Torsay Clerc tonsuré du Diocese de
Chartres, Françoise Courtin veuve de Marin Ozan Officier de
Madame, Marie-Jeanne Courtin fille de Jeanne Courtin, laquelle étoit fille de Marie du Mousset, procedante sous l'autorité de Jean-Odet David son curateur, & ledit Jean. Odet David curateur de ladite Marie-Jeanne Courtin, tous démission-
naires des biens de Damoiselle Marie du Mousset épouse de Me
François Courtin sieur de Torsay en son vivant Bailly de Nogent-le-Rotrou en datte du 20. dudit mois d'Avril 1714. à ce
qu'acte leur fût donné de ce que pour deffenses contre la demande dudit Parseval contenuë en sa Requeste du 24. Mars
1714. signifiée le 26. ils employent le contenu en leurdite Requeste, qu'il leur fût permis d'y joindre deux pieces y énoncées,
ce faisant que ledit Parseval fût débouttè de sa demande &
condamné aux dommages interests desdits Courtin & aux dépens, où la Cour y feroit quant à present quelque difficulté,
que les parties fussent renvoyées pour proceder à fins civiles,
ce faisant que les informations faites par ledit Parseval fussent
converties en enqueste, qu'il fût permis ausdits Courtin d'en
faire de leur part, pour ensuite lesdites enquestes rapportées
être ordonné ce que de raison, au bas de laquelle Requeste est
l'Ordonnance de la Cour portant en jugeant, signifiée ledit
jour 20. Avril 1714. Requeste dudit Courtin de la Rezandiere
du 24. dudit mois d'Avril à fin de jonction à l'instance des pieces y énoncées, ensemble du memoire y joint que ledit Cour-

F ij

tin de la Rezandiere employoit pour plus amples deffenſes contre les concluſions priſes contre lui par ledit Parſeval, ce faiſant que les fins & concluſions par lui priſes par ſa precedente
Requeſte lui fuſſent adjugées avec dépens, au bas eſt l'Ordonnance de la Cour portant en jugeant, ſignifiée ledit jour 24.
Avril 1714. Requeſte preſentée par Marguerite Courtin épouſe
de Meſſire Jean-Loüis Deſchallard Chevalier Seigneur de Bourguiniere autoriſée par Juſtice à ſon refus à la pourſuite de ſes
droits, deffenſes & actions par Arreſt contradictoire du 2. Septembre 1713. fille & démiſſionnaire en partie des biens meubles,
immeubles, propres acqueſts & conqueſts de deffunte Damoiſelle Marie du Mouſſet ſa mere au jour de ſon décés veuve de
deffunt Me François Courtin Avocat en Parlement & Bailly de
Nogent-le-Rotrou ſuivant l'acte contenant ladite démiſſion paſſé pardevant Loüis Chenebrun Notaire Royal audit Nogent
preſens témoins le premier Octobre 1712. en datte du 24 dudit mois d'Avril 1714. à ce qu'acte lui fût donné de ce que pour
réponſes & deffenſes contre les demandes portées par les deux
Requeſtes preſentées à la Cour par Me Pierre Parſeval, ſigni-
fiées les 24. & 26. Mars dernier 1714. ſur leſquelles la Cour s'é-
toit reſervé à faire droit en jugeant, ladite Marguerite Courtin
employoit le contenu en ſadite Requeſte, ce qui avoit été dit,
écrit & produit par Pierre Godefroy Courtin Ecuyer l'un des
Chevaux-Legers de la Garde ordinaire du Roy, Urſin-René-
Nicolas Courtin Clerc tonſuré du Dioceſe de Chartres & autres és noms & qualités qu'ils procedoient, nottamment la Requeſte qu'ils auroient preſentée à nôtred. Cour ſignifiée le 28.dud.
mois d'Avril 1714. par eux employée pour deffenſes contre la
Requeſte de demande ſignifiée ledit jour 24. Mars, ce faiſant en
procedant au jugement du procés, qu'il plairoit à nôtred.Cour ſans
s'arreſter aux demandes, fins & conclusions dudit Parſeval dont
il ſeroit débouté, qu'il fût condamné aux dommages & intereſts de ladite Marguerite Courtin & en tous les dépens, & où
nôtred.Cour y feroit difficulté quant à preſent, que les parties fuſſent renvoyées à proceder à fins civiles, & en conſequence que
les informations faites à la requeſte dudit Parſeval fuſſent converties en enqueſtes, qu'il fût permis à ladite Marguerite Courtin d'en faire de ſa part, pour enſuite leſdites enqueſtes faites &

rapportées être ordonné ce qu'il appartiendroit par raifon, au bas de laquelle requeste est l'Ordonnance de nôtred. Cour portant en jugeant, fignifiée ledit jour 24. Avril 1714. Acte de reprife de l'inftance fait au Greffe de la Cour par Godefroy Courtin Ecuyer Sieur de Torfay l'un des deux cent Chevaux-Legers de la Garde du Roy démiffionnaire pour un fixiéme de deffunte Damoifelle Marie du Mouffet fa mere veuve de deffunt François Courtin Maréchal des Logis de feu Monfieur le Duc d'Orleans au lieu & place de ladite défunte Marie du mouffet en datte du 21. May audit an 1714. fignifiée le 8. Juin audit an, Requeste dudit Parfeval du 5. dudit mois de Juin 1714. à ce qu'acte lui fût donné de ce pour réponfes aux Requeftes dudit Bordel de Viantais des 23. Avril 7. & autres jours fuivans du mois de May 1713. portans plaintes & demandes, enfemble à celle du 14. Avril 1714. contenant demande & aux pieces y jointes il employoit le contenu en fadite Requeste avec la minutte du procés verbal de Defnoyers Huiffier du 7. Novembre 1713. dépofée au Greffe de nôtred. Cour & jointe par Arreft du 2. Mars 1714. & tout ce qu'il avoit fait, dit, écrit & produit en l'inftance, en confequence procedant au jugement d'icelle que ledit Bordel de Viantais fût débouté de toutes les conclufions par lui prifes contre ledit Parfeval, & que les fiennes lui fuffent adjugées avec reparation d'honneur, dommages interefts & dépens, au bas de laquelle requeste est l'Ordonnance de nôtred. Cour portant ait acte & au furplus en jugeant, fignifiée le 8. dudit mois de Juin 1714. Autre Requeste dudit Parfeval du 22. dudit mois de Juin à ce qu'acte lui fût donné de ce que pour réponfes à la Requeste, demande & pieces jointes de la part dudit Bordel de la Courdoriere du 18. Avril 1714. il employoit le contenu en fadite Requeste avec la minutte du procés verbal de compulfoire de Defnoyers Huiffier du 7. Novembre 1713. dépofée au Greffe de nôtredite Cour & jointe par Arreft du 2. Mars 1714. & tout ce qu'il avoit fait, dit & écrit en l'inftance, en confequence procedant au jugement d'icelle que ledit Bordel de la Courdoriere fût débouté des conclufions par lui prifes avec reparation d'honneur, dommages interefts & dépens, au bas est l'Ordonnance de nôtred. Cour portant en jugeant, fignifiée ledit jour 22. Juin 1714. Autre Requeste dudit Parfeval du 17. Juillet audit

an à ce qu'acte lui fut donné de ce que pour réponses aux Requeftes dudit Pierre-Godefroy Courtin, Jacques Courtin, Urfin-
René Nicolas Courtin, Françoife Courtin veuve Marin Ozan,
Marie-Jeanne Courtin fille de Jéanne Courtin vivante femme de
Regnault Courtin, Jean-Odet David fon curateur & Marguerite
Courtin femme de Loüis Defchallard de Bourguiniere des 20. &
24. Avril 1714. il employoit le contenu en fadite Requefte, ce faifant que lefdits Courtin & confors fuffent débouttez des demandes portées par lefdites Requeftes & que les conclufions prifes
au procés par ledit Parfeval lui fuffent adjugées avec dépens, au
bas de laquelle Requefte eft l'Ordonnance de nôtred. Cour portant
en jugeant, fignifiée ledit jour 17. Juillet 1714. Autre Requefte préfentée par ledit Parfeval le 20. Aouft audit an à ce qu'acte
lui fût donné de ce que pour réponfes à la Requefte de ladite
Marguerite Dattin femme dudit Regnault Courtin du 19. Avril
1714. il employoit le contenu en fadite Requefte, ce faifant
qu'elle fût débouttée des demandes portées par fa Requefte, &
que les fins & conclufions prifes par ledit Parfeval lui fuffent
adjugées avec dépens, au bas de laquelle Requefte eft l'Ordonnance de nôtred. Cour portant en jugeant, fignifiée led. jour 20.
Aouft 1714. Autre Requefte dudit Parfeval du 20. Decembre
audit an 1714. à ce qu'en procédant au jugement de l'inftance
criminelle d'entre ledit Parfeval lefdits du Tertre de Boisjoulain, Pierre Godefroy Courtin l'un des deux cent Chevaux-Legers de la Garde du Roy ayant repris l'inftance au lieu & place
de ladite deffunte Marie Mouffet fa mere par acte du 21. May
1714. & autres, que ledit Pierre-Godefroy Courtin fût condamné folidairement avec ledit Boisjoulain & autres parties du procés pour les cas refultans du procés contre ladite Marie Mouffet
fa mere en 60000 livres de réparation civile envers ledit Parfeval & en tous les dépens auffi folidairement par lui faits depuis
la dénonciation du 11. Decembre 1708. qu'il lui fut permis de
joindre à l'inftance l'acte de reprife dudit Pierre-Godefroy Courtin dudit jour 21. May dernier, au bas de laquelle Requefte eft
l'ordonnance de nôtred. Cour portant en jugeant, fignifiée led. jour
20. Decembre 1714. Requefte dudis Bordel de Viantais du 5.
Janvier 1715. à ce qu'en confequence de fa procuration & des
certificats du 20. Novembre dernier il fut ordonné qu'il feroit

urcis au jugement du procés dont étoit question jusqu'à ce que
ledit Bordel de Viantais pût être en état de se rendre aux pieds
de la Cour, & en cas de contestation que ledit Parseval fût condamné aux dépens, au bas de laquelle Requeste est l'Ordonnance de nôtred. Cour portant en jugeant, signifiée led. jour 5 Janvier
1715. Requeste dudit Parseval du 14. dudit mois de Janvier à.
ce qu'en jugeant le procés qu'il avoit contre Joseph-François
Bordel Ecuyer Sieur de la Courdoriere & autres, acte lui fût
donné de ce qu'il n'avoit rendu plainte, fait informer & decreter que contre les coupables des fausses accusations faites contre lui, & à ce qu'en cas que ledit Bordel de la Courdoriere ne se
trouvât pas du nombre desdits coupables, il se rapportoit à la
prudence de la Cour d'ordonner ce qu'il lui plairoit à son égard
sans neanmoins aucune reparation d'honneur, dommages & interests ni dépens contre ledit Parseval, & sauf sa reparation
d'honneur, dommages interests & dépens solidairement & par
corps contre tous les autres accusez, tous lesdits dépens en entier du procés contre tous les autres accusez comme il y avoit
conclu par ses Requestes & qu'il y persistoit, au bas est l'Ordonnance de nôtred. Cour portant en jugeant, signifiée ledit jour
14. Janvier 1715. Vû aussi l'Arrest de nôtred. Cour rendu le 17.
Mars 1713. sur la Requeste dudit Parseval sieur de la Chevalerie Conseiller du Roy Maire ancien alternatif & triennal,
Lieutenant General & Particulier, civil, criminel & de Police de la ville de Nogent-le-Rotrou, & François Bonaventure
Lorin Archer Huissier Royal tendante à ce que vû le procés
verbal fait par ledit Lorin le 11. dudit mois de Mars 1713. acte
leur fût donné de leur plainte contre Jean-Loüis Deschallard
Ecuyer Sieur de Bourguiniere & . . . .
Chartain Ecuyer Sieur de la Soubliere de la rebellion ouverte
par eux faite à justice, violences & voyes de fait par eux commises en la personne dudit Lorin Huissier en faisant sa fonction
pour raison de l'instruction criminelle qui se faisoit actuellement
en la Cour à la requeste dudit Parseval qu'il leur fût permis d'en
faire informer circonstances & dépendances, & de repeter de
mot à mot ledit Lorin par forme de déposition dans sondit
procés verbal du 11. dudit mois de Mars & ce pardevant le
plus prochain Juge Royal des lieux qu'il plairoit à la Cour.

de commettre, lequel à cet effet pouroit se transporter partout où besoin seroit, même hors de son ressort, pour ce fait
rapporté, veu & communiqué à nôtre Procureur General,
être ordonné ce que de raison, & prendre par lesdits Parseval
& Lorin telles autres conclusions qu'il appartiendroit dans la
suite, & cependant qu'il fût ordonné que ledit Parseval, sa famille & Lorin seroient & demeureroient sous la sauve-garde
de nôtred. Cour, desdits Bourguiniere & de la Soubliere & autres
déja accusez & decretez par l'Arrest du 9. Janvier audit an 1713.
ensemble sur la Requeste desdits Jean Loüis Deschallard de
Bourguiniere &   Chartain de la Soubliere
tendante à ce qu'acte fût donné audit Deschallard de la plainte
par lui renduë contre ledit Lorin pardevant le Bailly de Nogent-le-Rotrou le 11. dudit mois de Mars 1713. ensemble de
celle que lesdits Deschallard de Bourguiniere & Chartain
de la Soubliere rendoient conjointement en la Cour par ladite
Requeste contre ledit Lorin des injures atroces, prise aux che-
veux dudit Deschallard & autres voyes de fait & insultes publi-
ques par lui commises contre lesdits de Bourguiniere & de la
Soubliere, qu'il leur fût permis d'informer desdits faits circonstances & dépendances pardevant le Lieutenant General de
Mortagne plus prochain Juge Royal des lieux, ou tel autre
qu'il plairoit à nôtred. Cour pour l'information faite, rapportée
& communiquée à nôtre Procureur General être ordonné ce qu'il
appartiendroit par raison, par lequel Arrest nôtred. Cour auroit
permis ausdits Parseval & Lorin de faire informer des faits contenus audit procés verbal & en leur Requeste, circonstances &
dépendances pardevant le Lieutenant Criminel de Belesme, lequel à cette fin se transporteroit par tout où besoin seroit, même hors de son ressort, pour ce fait rapporté communiqué à
nôtre Procureur General & veu être ordonné ce qu'il appartiendroit par raison, & auroit joint la Requeste desdits Deschallard de Bourguiniere & Chartain de la Soubliere à l'information qui seroit faite par ledit Lieutenant Criminel de Belles-
me à la requeste desdits Parseval & Lorin, pour être fait droit
ainsi qu'il appartiendroit par raison, cependant ordonné que
ledit Parseval, son frere, ledit Lorin & leurs familles demeureroient sous nôtre protection & sauvegarde de nôtred. Cour &
desdits

defdits Bourguiniere, de la Soubliere & autres déja accufez &
decretez & leurs familles, information faite en confequence par
ledit Lieutenant General de Bellefme le 31. Mars audit an 1713.
à la requefte defdits Parfeval & Lorin contre lefdits Defchallard de Bourguiniere & Chartain de la Soubliere. Arreft du 7.
Avril aud.an 1713. par lequel entre autres chofes auroit été ordonné que Mᵉ Nicolas Fraguier Confeiller en nôtred. Cour fe tranf-
porteroit fur les lieux pour faire l'inftruction mentionnée audit
Arreft avec l'un des Subftituts de nôtre Procureur General ,
& que l'information fi aucune avoit été faite par le Lieutenant
General de Bellefme en execution de l'Arreft du 17. Mars audit an 1713. à la requefte dudit Parfeval feroit remife és mains
du Greffier de la commiffion, pour icelle communiquée audit
Subftitut de nôtre Procureur General être par ledit Confeiller Commis decreté s'il y écheoit, & l'inftruction faite & parfaite jufqu'à jugement définitif exclufivement, & que ce qui
feroit fait & ordonné fur le tout par ledit Confeiller, même en
temps de vacation, feroit executé nonobftant toutes oppofitions,
appellations, recufations & prifes à partie, & fans préjudice
d'icelles, pour le tout fait, & fi aucuns des accufez étoient ar-
reftez & conftituez prifonniers en vertu de decret de prife de
corps contre eux décerné, & d'autres decrets qui pourroient
être décernez par ledit Confeiller, amenez fous bonne & feure
garde és prifons de la Conciergerie du Palais ; & le Procés communiqué à nôtre Procureur General & veu, être ordonné
ce qu'il appartiendroit par raifon Jugement rendu par ledit
Confeiller Commiffaire le 20. dudit mois d'Avril 1713. fur le
veu de ladite information & conclufions dudit Subftitut du
nôtre Procureur General, portant decret d'adjournement per-
fonnel contre ledit Loüis Defchallard de Bourguiniere & d'affigné pour être oüy contre led. de Chartain de la Soubliere, interrogatoire fubi en confequence pardevant ledit Confeiller-
Commiffaire par ledit Defchallard de Bourguiniere le 24. du-
duit mois d'Avril 1713. contenant fes réponfes, confeffions &
dénegations, jugement rendu par ledit Confeiller Commiffaire le 9. May audit an 1713. fur les conclufions du Subftitut de
nôtre Procureur General par lequel auroit été ordonné que
les témoins oüis en ladite information, enfemble ceux qui pour-

G

roient être entendus de nouveau feroient recolle z en leurs dépofitions, & fi befoin étoit confrontez audit Jean Defchallard
le tout pardevant ledit Confeiller Commiffaire. Addition d'information faite par ledit Confeiller-Commiffaire le 12. dudit
mois de May 1713. en execution de l'Arreft du 7. Avril. audit an & de l'Ordonnance dudit Confeiller-Commiffaire du
9. dudit mois de May à la requefte defdit Parfeval & Lorin
contre lefditsDefchallard de Bourguiniere & de Chartain de la
Soubliere, Recollement des témoins en leurs dépofitions fait
par ledit Confeiller-Commiffaire le 14. dudit mois de May 1713.
en execution de fon jugement du 9. du même mois, confrontation
faite defdits témoins audit Defchallard de Bourguiniere. par ledit Confeiller. Commiffaire ledit jour quatorze May 1713. en
execution dudit jugement du 9. dudit mois de MAY, tranfaction
paffée pardevant les Notaires au Châtelet de Paris le premier O-
ctobre audit an 1713. entre ledit Parfeval & Leonard-Cefar He-
bert fondé de procuration dudit Lorin d'une part & ledit Defchallard de Bourguiniere tant pour lui que pour led. de Chartain de la Soubliere d'autre part, par laquelle lefdites parties ef-
dits noms & qualités pour éviter la difcution & l'évenement de
l'inftance pendante entre elles en la Tournelle criminelle au fu-
jet de la plainte inferée en l'Arreft dud. jour 7. MARS audit an
1713. qui auroit permis d'informer des faits y contenus de la
part defdits Parfeval & Lorin contre lefdits de Bourguiniere &
de la Soubliere pardevant le Lieutenant General Criminel de
Bellefme, feroient convenuës & auroient tranfigé de ladite inftance extraordinaire, c'eftà fçavoir que lefdits Parfeval & He-
bert audit nom fe feroient contentés & reftraints pour tous dépens, dommages & interefts refultans de ladite inftance, des
dépens d'icelle mentionnez au memoire que ledit Parfeval en
auroit donné comme les ayant avancez, au moyen de quoy le
procés d'entre lefdites parties cy-deffus concernant la rebellion
feulement demeuroit éteint & affoupi fans autres dépens, dommages & interefts que ceux cy-deffus fauf & fans préjudice des
autres droits & actions dudit Parfeval tant contre les heritiers
de la Dame de Torfay pour raifon de l'inftance pendante &
indécife au Parlement pour la reprife de l'autre procés criminel y pendant contre Regnault Courtin Dupleffis & autres que

contre les autres complices & accusez dont il faisoit toutes
les reserves à ce necessaires, les deffenses dudit Deschallard
de Bourguiniere au contraire tant pour lui que pour ses
autres coheritiers. Conclusions de nôtre Procureur General,
ouis & interrogez lesdits Jacques Courtin de Torsay, René Ur-
sin Nicolas Courtin de Torsay, François Joseph Bordel de la
Courdoriere, Marguerite Dattin, Gabriel Courtin de la Rezandiere & Nicolas le Breton sur les cas à eux imposez & faits resultans du procés; tout consideré. NOTREDITE COUR
faisant droit sur le tout declare la contumace bien instruite contre lesdits Loüis Alexandre du Tertre de Boisjoulain & Regnault Courtin Duplessis cy-devant Bailly de Nogent-le-Rotrou, & en adjugeant le profit ayant égard aux Requestes & demandes dudit Pierre Parseval, & sans avoir égard aux Requestes & demandes desdits Gabriel Courtin Rezandiere, Jacques
Courtin de Torsay, Ursin-René-Nicolas Courtin dit l'Abbé de
Torsay, Marguerite dattin femme dudit Regnault Courtin Duplessis, Jacques Bordel de Viantais & à celles desdits Jacques
Courtin de Torsay, Pierre Godefroy Courtin, Ursin-René-Nicolas Courtin, Marguerite Courtin femme de Jean-Loüis Deschallard de Bourguiniere, Françoise Courtin veuve de Marin
Ozan, Jeanne-Marie Courtin Duplessis procedante sous l'autorité de Me Jean-Odet David son curateur aux causes & dud. Jean-
Odet David audit nom tous heritiers bien-tenans de lad. défunte
Marie du Mousset veuve François Courtin de Torsay leur mere &
ayeulle dont ils sont débouttez, pour reparation des cas mentionnez au procés: condamne lesdits du Tertre de Boisjoulain, Regnault Courtin Duplessis, Marguerite Dattin sa femme, Jacques
Courtin de Torsay, Ursin-René-Nicolas Courtin dit l'Abbé de
Torsay, Gabriel Courtin Rezandiere & Jacques Bordel de Viantais comparoir en la Chambre de la Tournelle les deux Chambres assemblées, & là étans nud teste & à genoüils à la reserve
de ladite Marguerite Dattin qui sera debout en presence dudit
Pierre Parseval & de huit de ses parens & amis tels qu'il voudra
choisir, dire & declarer que faussement, calomnieusement, temerairement, indiscretement & comme mal-avisez ils sont en-
trez & ont participé aux dénonciations & fausses accusations
qui ont été faites & formées par complot & cabale contre ledit

G ij

Pierre Parſeval dont ils ſe repentent & en demandent pardon
à Dieu, au Roy, à Juſtice & audit Parſeval, à la reſerve de la
dite Dattin qui en demandera ſeulement pardon audit Pierre
Parſeval lequel ils reconnoiſſent pour homme de bien & d'honneur & non entâché des faits d'exactions, concuſſions, prévarications & autres mentionnez au procés ſur lequel eſt intervenu l'Arreſt d'abſolution du 12. Avril 1712. ce fait a banni &
bannit leſdits du Tertre de Boiſjoulain & Regnault Courtin Dupleſſis pour neuf ans de la Ville de Nogent-le-Rotrou, des Bail-
liages de Chartres & de Belleſme, & de cette Ville, Prevôté &
Vicomté de Paris, leur enjoint de garder leur ban ſous les peines
portées par nôtre Declaration, fait deffenſes auſd. JacquesCour-
tin, Urſin-René. Nicolas Courtin ditl'Abbé de Torſay, Gabriel
Courtin de la Rezandiere, Marguerite Dattin & Jacques Bordel
de Viantais de récidiver à peine de punition corporelle, ordonne
que les mots & termes concernans la prétendue indemnité donnée par ledit Pierre Parſeval audit deffunt Fournier Procureur en nôtredite Cour comme injurieux & calomnieux ſeront
& demeureront ſupprimez, & outre condamne leſdits du Tertre de Boiſjoulain & Regnault Courtin Dupleſſis chacun en
cinq cent livres d'amende vers Nous, & leſdits Jacques Courtin, Courtin dit l'Abbé de Torſay, Courtin de laRezandiere, Marguerite Dattin & Jacques Bordel de Viantais aumôner chacun la ſomme de cent livres au pain des priſonniers de la Conciergerie du Palais, & ſolidairement leſdits du Tertre de Boiſjoulain, Regnault Courtin Dupleſſis, Marguerite Dattin ſa
femme, Courtin de la Rezandiere, Jacques Courtin, Courtin dit
l'Abbé de Torſay & Jacques Bordel de Viantais, comme auſſi
leſdits Jacques Courtin de Torſay, Courtin dit l'Abbé de Torſay, Pierre-Godefroy Courtin, Marguerite Courtin femme de
Jean-Loüis Deſchallard, Françoiſe Courtin veuve Marin Ozan,
Jeanne-Marie Courtin Dupleſſis procedante ſous l'autorité dudit Jean-Odet David ſon curateur, & ledit David audit nom
en qualité d'heritiers bien-tenans de ladite deffunte Marie du
Mouſſet leur mere & ayeulle en 40000. livres de reparation
civile vers ledit Pierre Parſeval, au payement de laquelle ſomme leſdits Pierre Godefroy Courtin, Marguerite Courtin, Françoiſe Courtin, Jeanne-Marie Courtin Dupleſſis & David audit

nom en qualité d'heritiers ne pourront être contraints par corps
mais seulement par les voyes ordinaires & sans cependant déro-
ger à la solidité vers ledit Parseval, & pour le recours entre lesdits du Tertre de Boisjoulain, Regnault Courtin Dupleffis, Jacques Courtin, Courtin dit l'Abbé de Torsay, Courtin de la Rezandiere, Marguerite Dattin, & Jacques Bordel de Viantais, &
lesdits Pierre-Godefroy Courtin, Jacques Courtin, Courtin
tin dit l'Abbé de Torsay, Marguerite Courtin, Françoise Courtin, Jeanne-Marie Courtin Dupleffis & Jean-Odet David, audit nom ladite somme de 40000. livres sera portée sçavoir par
lesdits du Tertre de Boisjoulain, Regnault Courtin Dupleffis
& Jacques Bordel de Viantais chacun 8000. livres, par ladite
Marguerite Dattin 2000. livres, & les 14000. livres restantes fe-
ront portées par lesdits Jacques Courtin, Courtin dit l'Abbé
de Torsay, Courtin de la Rezandiere & lesd. heritiers & bien-tenans de ladite deffunte Marie du Mouffet chacun pour un quart,
& ayant égard à la Requeste dudit Pierre Parseval de ce jour-
d'huy sur l'accusation intentée contre François-Joseph Bordel
de la Courdoriere, ensemble sur les Requestes respectives à cet
égard met les parties hors de Cour & de procés, dépens compensez, & neanmoins ordonne que l'écroüe dudit Bordel de la
Courdoriere sera rayé & biffé, lui permet de continuer l'exercice & fonction de sa Charge, met pareillement sur l'accusation
intentée contre ladite Marthe Gouhier & demandes respectives
aussi à cet égard les parties hors de Cour & de procés, dépens
compensez, & aprés que Nicolas le Breton pour ce mandé en
la Chambre de la Tournelle les deux Chambres assemblées a
été admonesté le condamne en 3. livres d'aumône au pain des
prisonniers de la Conciergerie du Palais à prendre sur ses biens,
& en consequence le débouttre de sa Requeste, condamne en outre solidairement lesd. du Tertre de Boisjoulain, Regnault Courtin
Dupleffis, Jacques Bordel de Viantais, Courtin de la Rezandiere,
Jacques Courtin, Ursin-René-Nicolas Courtin dit l'Abbé de Torsay & Marguerite Dattin, ensemble lesdits heritiers bien-tenans
de ladite Marie du Mouffet en tous les dépens faits par ledit
Parseval depuis la dénonciation du 11. Decembre 1708. en
ceux compensez par le present Arrest au regard desdits François-Joseph Bordel de la Courdoriere & Marthe Gouhier dans

lefquels dépens entreront le contenu en l'exécutoire de nôtre dite Cour décerné pour la tranflation dudit Nicolas le Breton des prifons de Chartres en celles de la Conciergerie du Palais, frais & mifes d'execution; enjoint audit Jean-Loüis Defchallard de Bourguiniere de recevoir les affignations & mandemens de juftice avec moderation; met ledit Pierre Parfeval, fa famille, domeftiques, fermiers, Huiffiers, même les témoins en nôtre fauve-garde, de nôtredite Cour & defdits accufez condamnez, permet audit Parfeval de faire imprimer, publier, afficher & regiftrer le prefent Arreft par tout où il jugera à propos dont les frais entreront dans la taxe folidaire des dépens adjugez par le prefent Arreft: Si te mandons qu'à la requefte dudit Pierre Parfeval tu mette le prefent Arreft à düe & entiere execution, & faire pour raifon de ce tous exploits & autres actes de juftice requis & neceffaires, de ce faire te donnons pouvoir & commiffion. DONNE' en nôtredite Cour de Parlement le quatorze Janvier, l'an de grace mil fept cent quinze, & de nôtre Regne le foixante-douze. Collationné. Signé, *Par la Chambre*, DE LA BAUNE. Avec grille & paraphe. Et fcellé le 28. Février 1715. Signé, CARPOT avec paraphe.

Prononcé ledit jour quatorze Janvier aud. an aud. François Jofeph Bordel de la Courdoriere & audit Nicolas le Breton étans au Greffe criminel de la Cour. A été auffi prononcé aufdits Jacques Courtin de Torfay, Urfin-René-Nicolas Courtin dit l'Abbé de Torfay, Gabriel Courtin Rezandiere & Marguerite Dattin femme de Regnault Courtin Dupleffis cy-devant Bailly de Nogent-le-Rotrou, pour ce extraits des prifons de la Conciergerie du Palais & étans à genoüils en la Chambre de la Tournelle les deux Chambres affemblées, à la referve de ladite Dattin qui étoit debout où le prefent Arreft a été execute & la declaration par eux faite conformément à icelui en la prefence de la Cour, les deux Chambres affemblées & dudit Me Pierre Parfeval partie civile & de Me Alexandre Parfeval, Confeiller du Roy, Prefident en l'Election de Mortagne & Subdelegué du fieur Commiffaire départi en la Province d'Alençon à Nogent-le-Rotrou frere de lad. partie civile, du fieur François Château fon beau-frere Confeiller du Roy, Contrôlleur des Maréchauffées de Chartres, Châteaudun & Bonneval, Meffire

Jules Henry de Montbel Chevalier Seig.r de Champeron fon coufin Capitaine Cavalerie au Regiment de Noailles Duc, M.re Jofeph Nicolas Robin de Lambre Tréforier & Chanoine de l'Eglife de Tours, Jean-François Chevalier intereffé dans les Fermes du Roy, Loüis-René Chevalier Duchefnay Confeiller du Roy, Commiffaire Ordinaire des Guerres, M.e René Jacques Hervé S.t des Galpicheres Avocat en la Cour, & de Jean Chaillou fieur de la Torliere, marchand, Bourgeois de Nogent-le-Rotrou fes amis. Le cinq Février mil fept cent quinze. Signé, AMYOT Greffier.

Monfieur G A U D A R T *Raporteur.*

R E M I Procureur.

www.ingramcontent.com/pod-product-compliance
Lightning Source LLC
LaVergne TN
LVHW020048090426
835510LV00040B/1468